वैज्ञानिकों का बचपन

शुकदेव प्रसाद

ग्रंथ अकादमी नई दिल्ली

प्रकाशक : **ग्रंथ अकादमी**
भवन संख्या-19, पहली मंजिल, 2, अंसारी रोड, दरियागंज, नई दिल्ली-110002
 / संस्करण : 2026 / मूल्य : तीन सौ रुपए
मुद्रक : नरुला प्रिंटर्स, दिल्ली ISBN 978-93-86870-01-8

VAIGYANIKON KA BACHPAN
by Shri Shukdeo Prasad ₹300.00
Published by **GRANTH AKADEMI**
Building No. 19, First Floor, 2, Ansari Road, Daryaganj, New Delhi-110002

दो शब्द

बच्चों का बालपन किसे नहीं लुभाता ? बाल सुलभ क्रीड़ाएँ भला किसे नहीं मोह लेतीं ? बाल्यकाल की सुखद स्मृतियाँ ऐसी धरोहर हैं, जो बरबस हमें अपनी ओर खींच ले जाती हैं और मन में ऐसी ललक उठती है — काश, एक बार बचपन फिर लौट आए !

बाल्यकाल की अलमस्ती और बेफिक्री का अपना ही आनंद है । दार्शनिकों, संतों, राजनीतिज्ञों, वैज्ञानिकों और अन्य महापुरुषों की ही तरह हम सभी का बचपन रहा है । हम महापुरुषों के जीवन पर दृष्टिपात करते हैं तो सहज जिज्ञासा होती है कि उनका बचपन कैसा था ?

अधिकांश महापुरुषों का जीवन ऐसा रहा है कि उनके बारे में यह कहावत झूठी पड़ जाती है — होनहार बिरवान के होत चीकने पात । जीवन के विभिन्न पड़ावों और परिस्थितियों के संयोग लोगों को श्रेष्ठ बनाते हैं । यह अलग बात है कि कुछ सौभाग्यशालियों का बचपन सुख व ऐश्वर्य में बीता और कुछ का इन सुखों से वंचित रहकर कष्टों और अभावों में बीता, फिर भी कुछ कर गुजरने की प्रबल इच्छा ने उन्हें 'महान' बना दिया ।

इस पुस्तक में ऐसे ही कुछ वैज्ञानिकों के बचपन पर प्रकाश डाला गया है । इससे बच्चे जान सकेंगे कि प्रायः सभी महान वैज्ञानिकों का बचपन आम बच्चों की ही तरह था । वे भी उन्हीं की तरह पले-बढ़े और महान हुए । बल्कि बहुतों का बचपन तो अभावों से भरा था फिर भी उन्होंने हार नहीं मानी, वे संघर्षों के बीच पनपे-बढ़े और अपने आविष्कारों से दुनिया को चमत्कृत किया । अपनी वैज्ञानिक सेवाएँ मानवता के लिए अर्पित कीं और नया इतिहास बनाया ।

बच्चों में यह भाव जगे कि उनमें भी रामन्, रामानुजन्, एडिसन और आइंस्टाइन जैसी प्रतिभा के बीज हैं, वे भी दुनिया में ऐसा कुछ कर सकते हैं, जो इतिहास के पन्नों में 'मील का पत्थर' साबित हो, यही इस पुस्तक के लिखने का मंतव्य है ।

पुस्तक में भारतीय और विदेशी दोनों प्रकार की विज्ञानविभूतियों का जिक्र है — पहले भारतीय, फिर इतर भारतीय । क्रम बनाने में अलबत्ता उनके जन्म वर्ष को आधार बनाया गया है । सभी अपने-अपने क्षेत्रों में चोटी के वैज्ञानिक हैं । बच्चे उनसे परिचित तो होंगे ही, प्रेरित भी हो सकें तो मैं समझूँगा कि मेरा उद्‌देश्य सफल हुआ ।

— शुकदेव प्रसाद

अनुक्रम

आचार्य जगदीश चंद्र बसु

(1858 — 1937)

तुम्हारा हाथ अनजाने में ही आग से छू जाए तो फौरन हटा लेते हो। कड़ाके की सर्दी पड़ रही हो तो तुम्हें ठिठुरन महसूस होती है। लेकिन पौधे भी हमारी तरह सर्दी, गरमी, दुख-दर्द अनुभव करते हैं। इस बात को पहले किसने समझा ? भारतीय वैज्ञानिक आचार्य जगदीश चंद्र बसु ने।

अपनी खोजों से वह इस निष्कर्ष पर पहुँचे कि पौधों में भी जीवन होता है। वे संवेदनशील होते हैं । बाहरी उत्तेजना की प्रतिक्रिया वे भी व्यक्त करते हैं। तुमने छुईमुई (मिमोसा) देखी होगी। उसकी पत्तियाँ छूते ही मुड़ जाती हैं और थोड़ी देर बाद खुल जाती हैं। लेकिन ऐसी तीव्र प्रतिक्रिया अन्य पौधों में देखने को नहीं मिलती। और भी पौधे प्रतिक्रिया व्यक्त करते हैं लेकिन उसे नंगी आँखों से नहीं देखा जा सकता। प्रो. बसु ने पौधों की सजीवता देखने, मापने के लिए अत्यंत संवेदनशील यंत्र बनाया था–क्रेस्कोग्राफ। इसकी मदद से यह जाना जा सकता है कि पौधा प्रति सेकंड कितना बढ़ता है ? उसी से पता चला कि अगर उसके किसी हिस्से पर चोट पहुँचाई जाए तो उसका झटका पौधे के हर हिस्से पर अनुभव किया जा सकता है।

प्रो· बसु की इन खोजों के प्रकाश में आते ही दुनिया आश्चर्य से चौंक उठी। विदेशी विद्वानों ने उनका स्वागत किया। उन्होंने कई बार यूरोप की यात्रा की । रॉयल सोसायटी ने उन्हें अपना फेलो बनाया। अंग्रेज सरकार ने उन्हें 'सर' की उपाधि दी।

महान विज्ञानी अल्बर्ट आइंस्टाइन ने उनके अनुसंधानों पर मुग्ध होकर कहा था, ''जगदीश चंद्र बसु ने जो अमूल्य तथ्य संसार को भेंट किए हैं, उनमें से एक के लिए भी विजय स्तंभ स्थापित करना उचित होगा।''

बसु की बचपन से ही पेड़-पौधों के प्रति दिलचस्पी थी। बसु का जन्म 30 नवंबर, 1858 को बंगाल के मैमन सिंह जिले के फरीदपुर गाँव में हुआ था। उनके पिता भगवान चंद्र बसु फ़रीदपुर के डिप्टी मैजिस्ट्रेट थे। उन्होंने बसु का दाखिला किसी अंग्रेजी स्कूल में नहीं बल्कि गाँव के ही स्कूल में करवाया। बचपन से ही जगदीश साहसी थे । पाँच वर्ष की आयु में वह घोड़े पर सवार होकर पढ़ने जाते । एक बार घुड़दौड़ होनेवाली थी। किसी ने उन्हें भी हिस्सा लेने का सुझाव दिया। उनके घोड़े के मुँह में न तो लगाम थी और न ही रकाब, फिर भी वह घोड़े पर जम गए और ऐड़ लगा दी। हालाँकि उनका पैर छिल गया लेकिन उन्होंने घोड़े को दौड़ाकर पूरा चक्कर लगा दिया और इसी नाते उनकी प्रशंसा भी हुई ।

बसु के शुरू के जीवन में एक और दिलचस्प व्यक्ति का हाथ था। वह था उनका नौकर। पहले वह डाकू था। उनके पिता ने, जब वह न्यायाधीश थे, उसे जेल भेजा था और जेल से वापस आने पर उसे अपने यहाँ नौकर रख लिया था। बाद में उसका जीवन सुधर गया । वही नौकर जगदीश चंद्र को स्कूल ले जाता। वह बसु को अपने डाकू जीवन की रोमांचक, साहसिक कहानियाँ सुनाया करता । इससे बसु साहसी बने ।

नौ वर्ष की उम्र में जगदीश घर छोड़कर आगे की पढ़ाई के लिए कलकत्ता गए। वहाँ उनके दोस्त तो थे नहीं, अतः वह मेढकों, मछलियों, गिलहरियों, विषहीन साँपों से मन बहलाते। पौधों को उखाड़कर उनकी जड़ें देखते । तरह-तरह के फल-फूल उगाते ।

सेंट जेवियर्स कॉलेज से बसु ने बी·एस-सी· किया। आगे की पढ़ाई (डॉक्टरी के इरादे से वह लंदन गए लेकिन डॉक्टरी पढ़ना उन्हें जँचा नहीं। अंत में कैंब्रिज विश्वविद्यालय के क्राइस्ट चर्च कॉलेज से उन्होंने 1884 में भौतिकी, रसायन और वनस्पति के साथ 'ट्रइपोस' परीक्षा उत्तीर्ण की। प्रायः उसी समय कैंब्रिज विश्वविद्यालय से बी·एस-सी· की उपाधि भी ली, जिसके लिए उन्हें अलग से कुछ भी नहीं करना पड़ा।

पहले प्रो· जगदीश चंद्र ने 'बेतार के तार' पर महत्त्वपूर्ण कार्य किया। उनके प्रयोगों की सारी दुनिया में चर्चा हुई। उन्होंने इंग्लैंड, अमेरिका, जापान, जर्मनी, फ्रांस आदि देशों की यात्राएँ कीं और अपने प्रयोगों का सफल प्रदर्शन भी किया।

बाद में बसु की दिलचस्पी पेड़-पौधों में बढ़ गई। इटली के वैज्ञानिक मार्कोनी ने बेतार पर अनुसंधान करके नाम कमाया। प्रो· बसु तो पौधों की सजीव दुनिया में ही खोए रहने लगे और विज्ञान जगत के समक्ष 'वनस्पतियों का सजीव संसार' ला उपस्थित किया। कलकत्ता में उनके द्वारा स्थापित 'बसु विज्ञान मंदिर' उनकी विद्वत परंपरा में अब भी बढ़ोतरी कर रहा है। इस संस्थान के उद्घाटन के अवसर पर उन्होंने कहा था, "यह एक प्रयोगशाला नहीं, बल्कि मंदिर है।" और वास्तव में अपने मंदिर की भाँति जीवन के अंतिम दिनों तक वह पूजा ही करते रहे। आचार्य बसु की विज्ञान के प्रति समर्पण भावना कितनी ऊँची थी!

> "हमें अपने काम के लिए दूसरों पर निर्भर नहीं रहना चाहिए। खुद अपना काम करना चाहिए, किंतु यह सब करने के पहले अपना अहं या घमंड त्याग देना चाहिए।"
>
> — *जगदीश चंद्र बसु*

श्रीनिवास रामानुजन्

(1887— 1920)

मद्रास प्रांत के तंजौर जिले के इरोद नामक एक छोटे-से गाँव का स्कूल। प्रारंभिक कक्षा के अध्यापक कक्षा में आए। वह सुस्ताना चाहते थे, अतः विद्यार्थियों को एक काम दे दिया —'1 से 100 तक की सब संख्याओं का जोड़ निकालो ।'

लेकिन दस मिनट भी न बीते थे कि सात वर्ष के एक विद्यार्थी ने आकर गुरुजी के आराम में खलल डाल दिया। उसने जोड़ निकाला तो, लेकिन साधारण तरीके से नहीं, बल्कि एक गणितीय सूत्र का प्रयोग करके, जिसका ज्ञान कॉलेज स्तर के विद्यार्थी को ही हो सकता है।

उस विद्यार्थी का नाम था– श्रीनिवास रामानुजन् आयंगर। बालक रामानुजन् की प्रतिभा से अध्यापक महोदय दंग रह गए । उसे इस सूत्र का ज्ञान किसी पुस्तक के पढ़ने से हुआ होगा, ऐसा मानने को अध्यापक महोदय तैयार नहीं थे । दरअसल उसकी प्रतिभा ही विलक्षण थी । बचपन से ही रामानुजन् की गणित में रुचि थी । वह अपनी गणित की पाठ्य पुस्तकों का शीघ्र ही अध्ययन कर लेते थे । फिर अगली कक्षा के विद्यार्थियों की पुस्तकें माँगकर पढ़ते ।

ऐसे ही एक बार उच्च गणित की एक पुस्तक उनके हाथ लग गई। उसे पढ़ते समय उन्होंने कई नए फार्मूले खोज निकाले। लेकिन उस समय रामानुजन् को मालूम नहीं था कि उन्होंने जो फार्मूले खोजे थे, उनमें से कई तो पहले ही गणितज्ञों द्वारा खोजे जा चुके थे। जब रामानुजन् को यह पता चला तो उन्हें दुख तो जरूर हुआ, लेकिन उनका गणित के प्रति अनुराग कम न हुआ।

सोलह साल की उम्र में रामानुजन् ने मैट्रिक पास किया और इंटरमीडिएट में दाखिला ले लिया। वह हमेशा गणित की ही पुस्तकों में डूबे रहते थे, अतः अन्य विषयों की ओर पर्याप्त ध्यान न देने के कारण वह इंटर की परीक्षा में फेल हो गए। दोबारा प्राइवेट परीक्षा दी, फिर भी उत्तीर्ण न हो सके। फिर वह घर पर ही रहकर गणित पर मौलिक शोध करते रहते।

इसी बीच रामानुजन् का विवाह हो गया। इससे पढ़ाई जारी रखनी मुश्किल थी। जीविका कमाने के लिए वह नौकरी तलाशने लगे और मद्रास पोर्ट ट्रस्ट के दफ्तर में क्लर्क की तीस रुपए मासिक की नौकरी उन्हें मिल गई।

क्लर्की करते हुए भी वह अकसर गणित की समस्याओं में उलझे रहते। एक दिन रामानुजन् के साहब ने उनकी दराज टटोली तो उनकी चोरी पकड़ी गई। दराज में कुछ ऐसे पन्ने मिले जिनका दफ्तर से कोई संबंध नहीं था। उन पन्नों पर गणित के सूत्र लिखे थे। उनके साहब को क्रोध नहीं आया, बल्कि उन्हें ऐसे प्रतिभाशाली युवक पर दया ही आई। उन्होंने स्वयं को धिक्कारा, 'क्या यह युवक क्लर्क की ही कुरसी पर बैठने लायक है?'

उन्होंने रामानुजन् के उन पन्नों को इंग्लैड के महान गणितज्ञ प्रो· जी· एच· हार्डी के पास भेज दिया। प्रो· हार्डी उन पन्नों को देखकर इस नतीजे पर पहुँचे कि रामानुजन् जैसी प्रतिभा को तो अँधेरे से निकालना ही चाहिए। उन्होंने प्रयास करके रामानुजन् को इंग्लैड बुलवाया। बड़े-बड़े गणितज्ञों से रामानुजन् का परिचय करवाया। जब उनके शोध-पत्र अच्छी

पत्रिकाओं में छपे तो उन्हें देखकर पाश्चात्य जगत आश्चर्य से भर गया ।

प्रो· हार्डी ने महसूस किया कि रामानुजन् का गणित के कुछ क्षेत्रों में पूर्ण अधिकार है, लेकिन कुछ चीजों की उन्हें कम जानकारी है । इसलिए रामानुजन् को वे चीजें पढ़ाने का जिम्मा प्रो· हार्डी ने स्वयं अपने ऊपर लिया । प्रो· हार्डी ने एक जगह लिखा भी है, "मैंने रामानुजन् को पढ़ाने की कोशिश की और किसी हद तक सफल भी हुआ । लेकिन रामानुजन् को मैंने जितना पढ़ाया, उससे कहीं अधिक मैंने उससे स्वयं सीखा ।"

वास्तव में इतनी कम उम्र में इस श्रेणी के विद्वान कम ही हुए हैं । रामानुजन् को गणितज्ञों में शिरोमणि कहा जाता है ।

एक बार प्रो· हार्डी अस्पताल में रामानुजन् को देखने गए । उनकी टैक्सी का नंबर 1729 था । उन्होंने रामानुजन् से कहा कि यह बड़ी मनहूस संख्या है । सुनते ही रामानुजन् बोले, "नहीं, यह तो बहुत मनोरंजक संख्या है, जो दो घनों के योग के रूप में दो विभिन्न तरीकों ($10^3+9^3 = 1729$ और $12^3+1^3 = 1729$) से प्रकट की जा सकती है ।"

रामानुजन् धर्म-कर्म में विश्वास करते थे । वह इंग्लैंड की कड़ी सर्दियों में कपड़े उतारकर भोजन बनाते, नियमित स्नान करते । फलतः वह अस्वस्थ रहने लगे । इसी बीच उन्हें 'रॉयल सोसायटी' ने अपना फेलो बनाया । तब संपूर्ण एशिया में इस सम्मान से सम्मानित होनेवाले वह प्रथम व्यक्ति थे । इससे प्रोत्साहित होकर वह दोगुने उत्साह से अपने कार्य में जुट गए । आखिर रोगी शरीर कब तक साथ देता ? वह स्वदेश लौट आए और 26 अप्रैल, 1920 को 33 वर्ष की छोटी अवस्था में उनकी अकाल मृत्यु हो गई ।

> "आज हमारे बीच से वह हीरा खो गया है, जिसे हम ढूँढ़कर लाए थे । निश्चय ही हम सब यह देख चुके हैं कि इसके पूर्व संसार में इतनी कम शिक्षा प्राप्त व्यक्ति द्वारा, इतनी कम आयु में गणित जैसे जटिल विषय पर इतनी अधिक खोजें किसी ने नहीं की हैं।"
>
> *—रामानुजन् के निधन पर प्रो· हार्डी के उद्‌गार*

सर चंद्रशेखर वेंकटरामन्

(1888—1970)

मद्रास का प्रेसीडेंसी कॉलेज। बी·ए· की कक्षा में अंग्रेजी के अध्यापक इलियट महोदय आए और हाजिरी लेने लगे । पूरी क्लास पर उन्होंने सरसरी नजर डाली । तेरह-चौदह बरस के दुबले-पतले लड़के को देखकर उन्होंने समझा कि यह किसी निचली कक्षा का विद्यार्थी है और यों ही इस कक्षा में आ बैठा है । इसलिए उन्होंने उस बच्चे से पूछा, ''तुम कैसे बैठे हो ?''

''जी, मैं इसी कक्षा का विद्यार्थी हूँ ।''

''क्या तुमने एफ· ए· पास कर लिया है ?'' इलियट साहब ने आश्चर्य से पूछा ।

''जी हाँ, मैंने वाल्तेयर कॉलेज से इसी साल एफ·ए· पास किया है।''

''तुम्हारा नाम ?''

''जी, चंद्रशेखर वेंकटरामन् ।''

नन्हे दोस्तो, यह घटना प्रो· सी· वी· रामन् के विद्यार्थी जीवन की है । अपनी प्रतिभा के बल पर वह इतनी कम आयु में ही बी· ए· में पहुँच गए थे । जब परीक्षाफल घोषित हुआ तो रामन् पूरे विश्वविद्यालय में

बी॰ ए॰ की कक्षा में प्रथम आए। उस वर्ष वहाँ अकेले वही प्रथम श्रेणी में उत्तीर्ण हुए थे।

इतना ही नहीं, एक चौंकानेवाली घटना और घटी। रामन् ने, जब वह एम॰ ए॰ कर रहे थे, एक खोजपूर्ण निबंध लिखा और भौतिकी के अध्यापक जोंस को जाँचने के लिए दिया। पर वह महीनों तक उसे रखे रहे। एक दिन उनसे दोबारा लिखने का बहाना करके रामन् ने लेख ले लिया और लंदन की प्रसिद्ध वैज्ञानिक शोध पत्रिका 'फिलॉसिफिकल मैगजीन' में छपने के लिए भेज दिया। तुम्हें जानकर आश्चर्य होगा कि रामन् का वह लेख बिना किसी सिफारिश के उस मशहूर पत्रिका के नवंबर, 1906 के अंक में छप भी गया।

दरअसल, रामन् का निबंध था ही उच्च्च स्तर का। लेख छपकर आया तो जोंस साहब भी आश्चर्य में पड़ गए, साथ ही रामन् पर बिगड़े भी कि उनसे बिना पूछे ही लेख छपने के लिए क्यों भेज दिया ?

रामन् ने विनम्रता से उत्तर दिया, "चूँकि आपने लेख में कहीं कोई सुधार या परिवर्तन नहीं किया था, अतः मैंने यह समझकर कि आप मेरे विचारों से सहमत हैं, उसे छपने के लिए भेज दिया था।"

इस सरल किंतु विनम्र उत्तर को सुनकर जोंस साहब का सारा गुस्सा जाता रहा और वह प्रसन्न हो गए। उन्होंने रामन् को लेख छपने की बधाई भी दी।

वास्तव में रामन् विद्यार्थी जीवन से ही खोजी प्रकृति के थे। सन् 1907 में एम॰ ए॰ करने के बाद वह सरकार के एकाउंटेंट जनरल नियुक्त हुए, लेकिन नौकरी उन्हें रास नहीं आई। शायद विज्ञान-सेवा ही उन्हें कलकत्ता विश्वविद्यालय में खींच लाई, जहाँ वह भौतिकी के अध्यापक नियुक्त हुए। वहाँ वह शोध एवं शिक्षण कार्यों में व्यस्त रहते थे। उनकी ख्याति दूर-दूर तक फैली और भारत के कोने-कोने से विद्यार्थी उनकी ओर खिंचकर आने लगे।

प्रो· रामन् की महत्त्वपूर्ण खोज प्रकाश संबंधी है। उन्होंने प्रकाश के रंगों के फैलने की प्रकृति पर कार्य किया जो आज 'रामन् प्रभाव' के नाम से विश्वविख्यात है। इस शोध की भी एक कहानी है।

प्रो· रामन् सन् 1921 में विदेश गए। भूमध्य सागर में जहाज से यात्रा करते समय जब वह डेक पर खड़े थे तो पानी का रंग देखकर दंग रह गए। समुद्र का पानी गहरा नीला था। आखिर पानी नीला क्यों है? सात वर्षों के अथक परिश्रम के बाद उन्हें कारण पता लगा। विद्वानों ने उनकी इस खोज को 'रामन् प्रभाव' का नाम दिया है।

इसी कार्य पर उन्हें सन् 1930 में भौतिकी का 'नोबेल पुरस्कार' मिला। रॉयल सोसायटी ने उन्हें अपना फेलो (एफ· आर· एस·) भी चुना था। अंग्रेज सरकार ने 'सर' की उपाधि से उनका सम्मान किया।

प्रो· रामन् अपने जीवन के अंतिम वर्षों में 'फूलों के रंग' संबंधी अनुसंधान कर रहे थे। वह शांति के पुजारी थे। उन्होंने कोई ऐसा कार्य नहीं किया, जिससे दुनिया में कहीं भी अशांति उत्पन्न हो। शायद तभी रूसी सरकार ने उन्हें 'लेनिन पुरस्कार' दिया जो राष्ट्रों के बीच शांति को स्थिर करने के लिए ही दिया जाता है।

"महत्त्वाकांक्षी बनो और उसकी कोई सीमा न होने दो। अकर्मण्यता के जीवन से यशस्वी जीवन और यशस्वी मृत्यु अच्छी है।"

— सी· वी· रामन्

प्रो॰बीरबल साहनी

(1819 — 1949)

बच्चो, तुमने 'जीवाश्म' (Fossil) का नाम तो सुना ही होगा । अनेक पेड़-पौधे, जानवर आदि लाखों साल पहले भूकंप आदि के कारण चट्टानों, पत्थरों के बीच दबते रहे हैं । समय बीतने पर धीरे-धीरे उनकी बनावट की छाप इन पत्थरों पर पड़ जाती है । इसी बनावट के छपे हुए पत्थरों को फॉसिल कहते हैं ।

फॉसिल हमारे लिए बहुत उपयोगी होते हैं । वैज्ञानिक इनकी सहायता से इस बात का पता लगाते हैं कि आज से हजारों-लाखों वर्ष पहले कोई पौधा अथवा जंतु किस प्रकार का था और उस समय की भू-वैज्ञानिक परिस्थितियाँ कैसी थीं ? साथ ही हमारे दैनिक जीवन की उपयोगी चीजें जैसे – मिट्टी का तेल, कोयला, खनिज आदि की खोज में भी ये सहायक सिद्ध हुए हैं ।

विज्ञान की जिस शाखा के अंतर्गत हम इनका अध्ययन करते हैं उसे 'पुरा वनस्पति-विज्ञान' (Paleo-botany) कहते हैं । प्रो· बीरबल साहनी को भारतीय पुरा वनस्पति का जनक माना जाता है ।

साहनी का जन्म 14 नवंबर, 1891 को पंजाब के भेड़ा नामक कसबे में हुआ था। उनके पिता रुचिराम साहनी गवर्नमेंट कॉलेज, लाहौर में रसायन-विज्ञान के अध्यापक थे। बचपन में बीरबल का शौक पतंग उड़ाना, डाक-टिकटें, पत्थर, पेड़-पौधे आदि इकट्ठा करना था। बीरबल को डाक-टिकट संग्रह करने का बेहद शौक था। टिकट जमा करने के लिए अकसर वह आधे रास्ते तक जाकर पोस्टमैन को पकड़ लेते, ताकि उनके भाई-बहन टिकट न ले सकें।

बचपन के शौक धीरे-धीरे वनस्पति-विज्ञान एवं भूगर्भ के विस्तृत अध्ययन में बदल गए। प्रारंभ से ही बीरबल बड़े निर्भीक थे। बात उस समय की है, जब वह बी· एस-सी· में पढ़ रहे थे। परीक्षा में एक प्रश्न-पत्र में पिछले साल के ही सारे प्रश्न फिर से पूछे गए थे। बीरबल ने यह बात परीक्षक को बताई और जब उन्होंने इस पर ध्यान नहीं दिया तब वह परीक्षा-भवन से बाहर चले गए। उनके कहने पर दूसरे छात्रों ने भी परीक्षा का बहिष्कार किया।

इसका अर्थ यह नहीं कि बीरबल को वे प्रश्न आते नहीं थे। उन्हें तो यह बात बेतुकी लगी, इसीलिए उन्होंने इसका विरोध किया। बाद में विश्वविद्यालय की सीनेट ने उनकी बात को न्यायसंगत माना। फिर दोबारा परीक्षा हुई।

1911 में साहनी कैंब्रिज के इमेन्युअल कॉलेज में पढ़ने के लिए विलायत गए। वहाँ वह बड़ी सादगी से रहते थे। उन्हें 90 पौंड वार्षिक की जो छात्रवृत्ति मिलती थी, उसी से वह अपना सारा खर्च चलाते थे। वह अपने घरवालों से कोई आर्थिक सहयोग नहीं लेते थे।

कैंब्रिज में बीरबल प्रोफेसर सीवर्ड के संपर्क में आए और उन्हें अपना गुरु मान लिया। एक बार प्रो· साहनी ने बिहार की राजमहल पहाड़ियों से प्राप्त अवशेषों को जोड़कर 'फॉसिल वृक्ष' बनाया जिसका नाम अपने गुरु के नाम के आधार पर 'विलियमसोनिया सीवर्डियाना' रखा और उसे अपने प्रेरणा स्रोत प्रो· सीवर्ड को अर्पित कर दिया।

प्रो· सीवर्ड भी उन्हें बहुत चाहते थे । एक बार जियोलॉजिकल सर्वे ऑफ इंडिया द्वारा निरीक्षण के लिए भेजे गए फॉसिल प्रो· सीवर्ड ने यह कहकर लौटा दिए कि इनके अध्ययन करने का अधिकार उनके युवा शिष्य साहनी को है । उन दिनों साहनी साहब भारत में ही थे ।

लंदन से डी· एस-सी· की उपाधि लेकर प्रो· साहनी 1919 में भारत लौटे और काशी हिंदू विश्वविद्यालय में वनस्पति-विज्ञान के प्रोफेसर नियुक्त हुए । उस समय उनके पास बैठने के लिए अलग कमरा तक नहीं था । काफी अरसे तक वह एक बरामदे के कोने में बैठकर अपना काम करते रहे ।

प्रो· साहनी ने भारत में पुरा वनस्पति की स्थापना एवं उन्नति में काफी योग दिया है । उन्होंने बिहार की राजमहल पहाड़ियों पर महत्त्वपूर्ण कार्य किया है । 1936 में रॉयल सोसायटी ने उन्हें अपना फेलो चुना ।

प्रो· साहनी की एक और दृढ़ इच्छा थी, पुरा वनस्पति-विज्ञान मंदिर की स्थापना की । पं· नेहरू के सहयोग से उनका सपना पूरा भी हुआ । लखनऊ स्थित 'साहनी इंस्टीट्यूट ऑफ पेलियोबॉटनी' आज भारत का ही नहीं बल्कि विश्व का एक महत्त्वपूर्ण शोध संस्थान है । लेकिन कौन जानता था कि संस्थान के शिलान्यास के ठीक सात दिन बाद ही प्रो· साहनी इस संसार से विदा ले लेंगे । हाँ, 9 अप्रैल, 1949 को प्रो· साहनी नहीं रहे । उनके द्वारा स्थापित शोध संस्थान देश का शीर्षस्थ विद्या केंद्र है, जहाँ उनकी अनमोल धरोहर सुरक्षित है । ऐसे विज्ञान रत्नों पर देश को गर्व है ।

> "जिस प्रकार एक शिशु गिरते-पड़ते ही चलना सीखता है, उसी प्रकार विज्ञान का प्रासाद बहुसंख्यक भूलों की दीवार पर खड़ा होता है ।"
>
> — *प्रो· बीरबल साहनी*

डॉ· आत्माराम

(1908—1983)

अपने देश के वर्तमान शती के वैज्ञानिकों में डॉ· आत्माराम का नाम बड़े आदर के साथ लिया जाता है। रहन-सहन ही नहीं, जिंदगी के हर आयाम में सादापन ही उनका जीवन-दर्शन था। तभी तो उन्हें गांधीवादी वैज्ञानिक होने का विशेष गौरव प्राप्त है। देश के तमाम नौजवान वैज्ञानिकों का उन्होंने मार्ग-दर्शन किया था।

डॉ· आत्माराम रसायनज्ञ के रूप में विश्वविख्यात हैं। उनकी सबसे बड़ी देन है — ऑप्टिकल ग्लास। यह एक शुद्ध काँच होता है जिसका उपयोग विविध उपकरणों के बनाने में किया जाता है। चाहे सूक्ष्मदर्शी हो या दूरदर्शी अथवा सैन्य उपकरण; सभी में ऑप्टिकल काँच अत्यंत उपयोगी होता है। पहले ऐसा काँच भारत में नहीं बनता था। लेकिन डॉ· आत्माराम एवं उनके सहयोगियों ने जब ऑप्टिकल ग्लास बनाने की तरकीब निकाली तो भारत ने बाहर से काँच लेना बंद कर दिया। इससे औद्योगिक क्षेत्र में भारत का नाम भी ऊँचा हुआ।

डॉ· आत्माराम से प्रमुख उद्योगकर्मी राय लेने आते थे। वे अपनी दिक्कतें बताते और वह उनका भरसक सहयोग करते। डॉ· आत्माराम के कार्य पर मुग्ध होकर शेफील्ड की ग्लास टैक्नोलॉजी सोसायटी ने उन्हें अपना फेलो चुना। एशिया

भर में इस सम्मान को प्राप्त करनेवाले वह एकमात्र वैज्ञानिक थे। 'लेनिन सोवियत टैक्नोलॉजिकल इंस्टीट्यूट' (लेनिनग्राद) ने उन्हें 'डॉक्टर ऑफ टैक्नोलॉजी' की उपाधि दी थी।

डॉ· आत्माराम 1967-71 तक भारत की प्रमुख वैज्ञानिक संस्था 'वैज्ञानिक एवं औद्योगिक अनुसंधान परिषद' (CSIR), नई दिल्ली के महानिदेशक रहे। 'विज्ञान एवं प्रौद्योगिकी की राष्ट्रीय समिति' (NCST), नई दिल्ली के भी वह अध्यक्ष रहे थे।

इन तमाम महत्त्वपूर्ण कार्यों के अतिरिक्त डॉ· आत्माराम का एक और कार्य था — अपनी भाषा में विज्ञान के शिक्षण पर जोर। उनका कहना था कि जब तक बच्चे को अपनी भाषा में विज्ञान जैसे जटिल विषय को पढ़ने का मौका नहीं मिलेगा, तब तक वह न तो उसे समझ सकेगा और न ही देश में पर्याप्त वैज्ञानिक वातावरण बन सकेगा। देश में वैज्ञानिक पिछड़ेपन का कारण वह इसी को मानते थे। वह स्वयं इसका उदाहरण अपनी जिंदगी से देते थे। डॉ· आत्माराम ने अपने विद्यार्थी जीवन के बारे में लिखा है —

"बात उन दिनों की है, जब मैंने 1924 में एंट्रेंस की परीक्षा दी थी। एंट्रेंस या मैट्रिकुलेशन की उस परीक्षा के लिए मैंने फारसी और उर्दू भाषाएँ ली थीं। उसके बाद इंटर में साइंस ले ली। इस खयाल से कि उन दिनों साइंस शिक्षकों की कमी रहती थी, यदि साइंस में बी· एस-सी· पास कर लिया, तो नौकरी मिल जाएगी। दाखिला तो साइंस में ले लिया पर सिवा गणित के किसी दूसरे विषय को मैंने पढ़ा ही नहीं था। फिजिक्स, केमिस्ट्री का नाम पहले सुना न था। मुझे सबसे ज्यादा दिक्कत इसलिए हुई कि सारी पढ़ाई अंग्रेजी में होती थी। अंग्रेजी समझने में देर लगती थी, और उस पर नए विषय। फिजिक्स के अध्यापक पढ़ाते समय अकसर कहते थे, 'ग्राम ऑफ वाटर'। मैं कई दिनों तक सोचता रहा कि 'ग्राम ऑफ वाटर' यानी 'पानी का चना' क्या चीज है? बाद में जब एक दिन उन्होंने आर्किमिडीज का सिद्धांत समझाते हुए बीकर में पानी डाला और तोला, तब मुझे पता चला कि 'ग्राम' चना नहीं, तोल की इकाई है।

मगर मुझे तब बड़ी निराशा हुई जब पहले साल की छमाही परीक्षा में मुझे गणित में तो अच्छे अंक मिले, लेकिन फिजिक्स, केमिस्ट्री में दस-दस से अधिक अंक न

मिले थे। जब मैं विषय बदलने के खयाल से स्वीकृति के लिए गया तो केमिस्ट्री के अध्यक्ष प्रो· राणे को यह बात जँची नहीं। उनको मैंने बताया, अंग्रेजी मेरी समझ में नहीं आती है। न जाने क्यों उन्होंने मुझे प्रो· फूलदेव सहाय वर्मा के सुपुर्द कर दिया। एक बार जब वर्माजी ने रसायन विज्ञान की मूल बातें हिंदी में समझा दीं तो गाड़ी चल पड़ी।''

डॉ· आत्माराम के जीवन से क्या शिक्षा मिलती है ? यही न कि यदि बच्चों को उनकी अपनी भाषा में ज्ञान-विज्ञान की शिक्षा दी जाए तो वह सरलता से उनकी समझ में आ जाएगा।

डॉ· आत्माराम काँच एवं सिरेमिक अनुसंधानशाला (कलकत्ता) के निदेशक रहे। उच्च कोटि के रसायनज्ञ होने के साथ ही हिंदी में विज्ञान को लोकप्रिय बनाने की दिशा में वह सदा आगे रहे। 'भारत की संपदा' नामक विश्वकोश के प्रकाशन की योजना उन्होंने ही बनाई थी।

" परीकथाओं के मोह जाल से निकालकर अपने आस-पास को जानने-समझने की भूख बच्चों में जगाना बहुत बड़ा काम है। तभी आज के बच्चे बड़े होकर इस वैज्ञानिक युग की जटिलताओं से जूझ सकेंगे।''

— डॉ· आत्माराम (लेखक को लिखे गए एक पत्र में)

डॉ· विक्रम अंबालाल साराभाई

(1919—1971)

अंबालाल साराभाई अहमदाबाद के प्रसिद्ध उद्योगपति और समाजसेवी थे। उनके यहाँ गुरु रवींद्रनाथ टैगोर, पं· मोती लाल नेहरू, पं· जवाहर लाल नेहरू, सरोजनी नायडू, मौलाना आजाद, सर सी·वी· रामन् जैसे प्रतिष्ठित लोगों का खूब आना-जाना था। गांधीजी भी जब कभी अहमदाबाद जाते तो उनके यहाँ ही ठहरते। स्वाभाविक था कि ऐसी महान विभूतियों की छाप बालक विक्रम पर पड़ती। जब विक्रम दो वर्ष का ही था, तभी गुरुदेव टैगोर ने भविष्यवाणी की थी कि एक दिन विक्रम प्रसिद्ध व्यक्ति बनेगा।

आगे चलकर यही विक्रम भारत के महान वैज्ञानिक हुए। स्वतंत्र भारत में विज्ञान के विकास के लिए जिन्होंने अपना संपूर्ण जीवन समर्पित कर दिया हो, ऐसे गिने-चुने वैज्ञानिकों में डॉ· साराभाई एक थे। वस्तुतः उन्होंने ही भारतीय अंतरिक्ष अनुसंधान की नींव डाली।

विक्रम बचपन से ही बहुत चंचल, साहसी और मेधावी थे। एक बार उनका पूरा परिवार शिमला गया। वहाँ विक्रम ने देखा कि उनके पिताजी के नाम रोज ढेर सारी चिट्ठियाँ आती हैं, लेकिन उनके नाम कोई चिट्ठी नहीं आती। कुछ दिनों

बाद उन्हें भी चिट्ठियाँ मिलने लगीं। पिताजी के कारण पूछने पर विक्रम ने बताया, "मैं स्वयं आप के दफ्तर से लिफाफे और टिकट लेकर अपने नाम चिट्ठियाँ लिखता हूँ।" यह सुनकर पिताजी काफी देर तक हँसते रहे।

विक्रम साहसी कारनामे भी खूब करते। बचपन में उन्होंने साइकिल चलानी सीख ली थी और उस पर तरह-तरह के करतब दिखाया करते। उनके घर के पास एक तालाब था। उसमें वह अपने नौकर तथा कुछ बच्चों के साथ नाव चलाया करते थे। मगर एक बार तो गजब हो गया। नाव एकाएक उलट गई। सब डूबने लगे, चीखने-चिल्लाने लगे। सौभाग्यवश किनारे के बाग में एक माली था। चीखें सुनकर उसने पानी में कूदकर सबकी जान बचाई। ऐसे चंचल थे विक्रम। इस सबके बावजूद वह पढ़ाई में सबसे आगे रहते थे।

विक्रम की प्रारंभिक शिक्षा अहमदाबाद में हुई। आगे की पढ़ाई के लिए वह इंग्लैंड गए और 1947 में नाभिकीय भौतिकी में डॉक्टरेट की उपाधि ली। कैंब्रिज से लौटने पर उन्होंने देश को अपनी वैज्ञानिक सेवाएँ अर्पित कीं। 1965 में वह अहमदाबाद की भौतिक अनुसंधानशाला (Physical Research Lab, PRL) के निदेशक नियुक्त हुए।

कॉस्मिक किरणों पर विक्रम साराभाई ने महत्त्वपूर्ण कार्य किया। 1966 में डॉ॰ भाभा की मृत्यु के बाद उन्हें परमाणु ऊर्जा आयोग का अध्यक्ष नियुक्त किया गया। थुंबा में उनके ही निर्देशन में रॉकेट प्रक्षेपण केंद्र स्थापित हुआ। 1971 के दिसंबर माह में साराभाई ने थुंबा केंद्र पर युवा वैज्ञानिकों का मार्ग-दर्शन किया। वहाँ वह एक होटल में ठहरे थे। हमेशा की तरह सबसे बातचीत की और सोने चले गए। फिर वह कभी नहीं उठे। विज्ञान-साधना में ही रत उन्होंने 52 वर्ष की आयु में 29 दिसंबर, 1971 को अपना शरीर त्याग दिया।

> "जो भारी शोर के बीच में भी संगीत सुन सकता है, वह मूल्यवान उपलब्धि प्राप्त कर सकता है।"
>
> *— डॉ॰ विक्रम साराभाई*

डॉ· हरगोविंद खुराना

(जन्म—1922)

सन् 1968 के अक्टूबर माह में एक समाचार ने संसार की दृष्टि भारत की ओर केंद्रित कर दी । यह समाचार था— डॉ· हरगोविंद खुराना को नोबेल पुरस्कार दिए जाने की घोषणा । तब डॉ· खुराना विसकांसिन यूनिवर्सिटी (अमेरिका) के 'एंजाइम अनुसंधान संस्थान' के सह-निदेशक थे ।

डॉ· खुराना को 1968 में दो अन्य वैज्ञानिकों के साथ ओषधि एवं शरीर-क्रिया विज्ञान में नोबेल पुरस्कार प्रदान किया गया । डॉ· खुराना ने लिखा है : "सन् 1968 तो मेरे जीवन का स्वर्ण वर्ष रहा । इस वर्ष अक्टूबर में मुझे ओषधि एवं शरीर-क्रिया विज्ञान में डॉ· मार्शल वारेन नीरेनबर्ग तथा रॉबर्ट डब्ल्यू· होले के साथ 70,000 डॉलर का नोबेल पुरस्कार मिला । मैंने शरीर के एक ऐसे अत्यंत जटिल पदार्थ के बारे में खोज की, जिसकी सहायता से किसी भी जीवित पदार्थ से वैसे ही अनेक जीवित पदार्थ तैयार होते हैं । मेरी खोज से पैतृक बीमारियों की रोक-थाम करने में भी सहायता मिलेगी ।"

डॉ· खुराना बहुत ही साधारण परिवार में जन्म लेकर इस स्तर तक पहुँचे, यह अपने में बहुत बड़ी बात है । 9 जनवरी, 1922 को पंजाब के एक छोटे-से गाँव रायपुर

में हरगोविंद खुराना का जन्म हुआ था। उनके पिता गणपत राय पटवारी थे। वह पाँच भाई-बहन थे। हरगोविंद अपने माता-पिता की अंतिम संतान थे। सबसे छोटे होने के कारण परिवार के लोग उन्हें खूब प्यार करते और गोविंद कहकर पुकारते थे।

जब गोविंद बड़े हुए तो उनकी पढ़ाई गाँव की ही एक पाठशाला से शुरू हुई। पढ़ने में तेज होने के कारण उन्हें तीसरी कक्षा से ही छात्रवृत्ति मिलनी शुरू हो गई। गोविंद पढ़ने में अधिक मन लगाते थे। अकसर वह पूरे दिन पढ़ते ही रहते। माँ रोटी बनातीं तो वह होड़ लगाते, "देखता हूँ माँ, तुम्हारी रोटी तवे से पहले उतरती है या मेरा सवाल पहले हल होता है ?" जब मिडिल की परीक्षा हुई तो गोविंद जिले भर में प्रथम आए।

सारी कक्षाएँ प्रथम श्रेणी में पास करते हुए गोविंद ने पंजाब विश्वविद्यालय से 1945 में एम· एस-सी· प्रथम श्रेणी में उत्तीर्ण किया। 1946 में सरकारी वजीफा पाकर वह इंग्लैंड चले गए। 1948 में उन्हें लिवरपूल विश्वविद्यालय से 'जैव रसायन' (Bio-Chemistry) में डॉक्टरेट की डिग्री मिली। फिर डॉ· खुराना ने ज्यूरिक (स्विटजरलैंड) के 'संघीय प्रौद्योगिक संस्थान' में कार्य किया। 1952 तक वह कैंब्रिज विश्वविद्यालय में डॉ· अलैक्जैंडर टॉड के साथ कार्य करते रहे। फिर वह विसकांसिन विश्वविद्यालय में शोध करने लगे।

1970 में डॉ· खुराना ने वहाँ से इस्तीफा दे दिया और अब मैसाचुसेट्स इंस्टीट्यूट ऑफ टैक्नोलॉजी, कैंब्रिज में कार्य कर रहे हैं। इस समय डॉ· खुराना 15 अनुसंधान-कर्ताओं की एक टोली के प्रमुख हैं। कुछ भारतीय वैज्ञानिक भी उनके साथ कार्य कर रहे हैं।

डॉ· खुराना जिस विषय पर कार्य कर रहे हैं, वह बड़ा महत्त्वपूर्ण है। हमारे सारे गुण-दोष निर्भर करते हैं हमारे 'जीनों' (Genes) पर, जो प्रत्येक कोशिका में गुणसूत्रों (Chromosomes) पर पाए जाते हैं और हमारे गुणों को प्रवाहित करते हैं। कुछ रोग भी जीनों के कारण ही होते हैं, जिन्हें 'आनुवंशिक रोग' (Hereditary diseases) कहते हैं। डॉ· खुराना प्रयोगशाला में कृत्रिम जीनों के निर्माण की दिशा में कार्य कर रहे हैं। डॉ· खुराना के अनुसंधानों से कैंसर, मधुमेह, हीमोफीलिया,

वर्णांधता जैसे घातक एवं जन्मजात रोगों का इलाज संभव होगा क्योंकि जन्म से ही विकृत जीनों को बदलकर उनके स्थान पर स्वस्थ जीन लगाए जा सकेंगे। मनुष्य का रंग-रूप भी बदला जा सकेगा तथा जन्म से कमजोर एवं रोगी बच्चों को स्वस्थ एवं दीर्घायु बनाया जा सकेगा।

डॉ· खुराना चाहते हैं कि होनहार नौजवान वैज्ञानिकों क़ो भारत में ही शोध करने की सारी सुविधाएँ मिलें, जो बाहर के देशों में मिलती हैं। हमारा राष्ट्र अपनी वैज्ञानिक़ प्रतिभाओं का उपयोग अपने ही यहाँ कर सके, यह उनकी प्रबल इच्छा है।

"मेरी बहुत इच्छा होती है कि मैं अच्छे अवकाश पर भारत आकर कुछ दिनों तक अपने मित्रों एवं संबंधियों के पास रहूँ। यों अब मैं अमेरिका का नागरिक हूँ। भारत से मेरे पैतृक संबंध हैं, जिन्हें भुलाया नहीं जा सकता।"

— डॉ· हरगोविंद खुराना

गैलीलियो गैलिलाई

(1564—1642)

विश्व के इतिहास में वर्ष 1564 का बड़ा महत्त्व है। इस वर्ष दो महान् विभूतियाँ संसार में आईं—शेक्सपियर और गैलीलियो गैलिलाई। एक साहित्य के क्षेत्र का दिग्गज और दूसरा विज्ञान का महारथी। गैलीलियो ने तो उस समय धर्म एवं अंधविश्वासों में डूबे समाज को नई दिशा दी, मगर उसके वैज्ञानिक विचारों का जमकर विरोध ही हुआ। तब यह बात प्रचलित थी कि सूर्य पृथ्वी के चारों ओर घूमता है। गैलीलियो ने इस बात का खंडन किया और कहा कि पृथ्वी नहीं बल्कि सूर्य ब्रह्मांड का केंद्र है और पृथ्वी तथा अन्य ग्रह उसके चारों ओर घूमते हैं। यह बात बाइबिल के खिलाफ थी। अतः पादरी इसको कैसे सहन करते।

गैलीलियो पर आरोप लगाया गया और कचहरी में अपनी बात वापस लेने को मजबूर किया गया। गैलीलियो तब बूढ़े हो चले थे और कमजोर भी। अतः मौत के डर से उन्होंने बुझे मन से अपनी बात को झूठी कहना स्वीकार कर लिया। उन्होंने पोप से माफी माँगी। लेकिन जब पोप के सामने से गैलीलियो हटे तो वह स्वयं बुदबुदा उठे — अर्थ इज मूविंग नाऊ टू ... (पृथ्वी तो अब भी घूम रही है)। आखिर थे तो सत्य के ही अन्वेषक!

गैलीलियो में खोज की प्रवृत्ति बचपन से ही थी। गैलीलियो का जन्म 15 फरवरी, 1564 को टस्कनी राज्य के पीसा नगर (इटली) में हुआ था। उनके पिता विनसेंजियो गणित एवं संगीत के विद्वान थे। मगर उनकी आर्थिक स्थिति अच्छी नहीं थी। गैलीलियो ने बाँसुरी बजाना तो अपने पिता से सीखा था। वह चित्रकारी भी करते थे। उसके अतिरिक्त उन्हें पढ़ाई का बहुत शौक था। सोलह साल की उम्र में उन्होंने इतना साहित्य पढ़ डाला था कि वह संस्थाओं में जाकर भाषण दे सकते थे। उन्होंने सबसे पहला भाषण दाँते के काव्य 'इनफर्नो' पर दिया था।

गैलीलियो के पिता उन्हें डॉक्टर बनाना चाहते थे। अतः उन्हें डॉक्टरी पढ़ने के लिए पीसा विश्वविद्यालय में दाखिल करा दिया गया। वहाँ गैलीलियो ने पहली खोज की। उनका मन धार्मिक विषयों में नहीं लगता था, लेकिन गिरजाघर में जाकर थोड़ी देर के लिए खड़ा रहना पड़ता था। एक दिन उन्होंने देखा कि हवा के झोंके के कारण रस्सी से लटकी हुई लालटेन इधर-उधर झूल रही है। गैलीलियो उसे गौर से देखने लगे। हवा जब धीमी हुई तो लालटेन के झूलने की दूरी कम हो गई, मगर इधर से उधर और उधर से इधर चक्कर काटने में समय उतना ही लगता। गैलीलियो ने अपनी नब्ज की धड़कन से यह निरीक्षण किया था। गैलीलियो की इसी खोज (पेंडुलम का सिद्धांत) के आधार पर यांत्रिक घड़ियाँ बनीं।

उस समय लोगों की धारणा थी कि यदि किसी भारी और हलकी वस्तु को ऊँचाई से एक साथ गिराया जाए तो भारी वस्तु पहले जमीन पर पहुँचेगी। लेकिन गैलीलियो ने कहा कि दोनों वस्तुएँ एक साथ गिरेंगी और ऐसा करके उन्होंने दिखा भी दिया। पीसा की झुकी मीनार (लीनिंग टावर) पर चढ़कर उन्होंने एक हलकी और एक भारी गेंद साथ-साथ गिराई। नीचे खड़े पीसा विश्वविद्यालय के अध्यापकों एवं अन्य दर्शकों ने देखा कि दोनों गेंदे एक साथ ही जमीन पर गिरीं। ऐसा करके गैलीलियो ने एरिस्टॉटल की धारणा को गलत सिद्ध कर दिया।

यह बात तब की है जब वह पीसा विश्वविद्यालय में गणित के प्रोफेसर थे। सभी अध्यापक उनसे ईर्ष्या करते। अतः उन्हें विश्वविद्यालय से बरखास्त कर दिया गया क्योंकि गैलीलियो की बातें उन्हें खरी लगती थीं। खैर, एक साल बाद उन्हें पदुआ विश्वविद्यालय में नौकरी मिल गई।

यहीं उन्हें पता चला कि लिपरशी नामक व्यक्ति ने कोई शीशा खोज निकाला है, जिससे दूर की चीजें नजदीक और बड़ी दिखाई पड़ती हैं। गैलीलियो ने स्वयं दूरबीन (टेलिस्कोप) बनाई और आकाश में झाँका तो कुछ नए तथ्य सामने आए। उन्होंने बताया कि चाँद भी धरती की तरह एक पिंड है और उस पर भी पहाड़, घाटियाँ आदि हैं। वह स्वयं प्रकाशमान नहीं है। उनकी बातें सच साबित हुईं।

अपने जीवन के अंतिम वर्षों में गैलीलियो ने 'डायलॉग्ज आन द टू न्यू साइंसेज' (दो नई विज्ञान-पद्धतियों पर कुछ संवाद) लिखना प्रारंभ किया जिसमें गति तथा गुरुत्वाकर्षण आदि के अनेक अन्वेषण कार्य संग्रहीत थे। इसके पूर्व उन्होंने 'ए डायलॉग आन द टू सिस्टम्स ऑफ द वर्ल्ड' (ब्रह्मांड के संबंध में दो मुख्य व्यवस्था सूत्र) लिखा था। इन्हीं पुस्तकों पर उन्हें पोप के क्रोध का शिकार बनना पड़ा और तमाम यातनाएँ भी सहनी पड़ीं। गैलीलियो की खोजें ही आगे चलकर न्यूटन की खोजों की आधार बनीं। इस बात को न्यूटन ने स्वयं स्वीकार किया है।

''गैलीलियो एक दिग्गज था, उसके कंधों पर चढ़कर मैंने दुनिया देखी।''

— *आइजक न्यूटन*

सर आइजक न्यूटन

(1642—1727)

प्रतिकूल परिस्थितियों के बावजूद प्रतिभा का अंकुर फूट ही पड़ता है, वैज्ञानिक न्यूटन इस बात के प्रत्यक्ष प्रमाण थे ।

बचपन में ही न्यूटन अनाथ हो गए थे । जब न्यूटन पैदा हुए तो उनके पिता का देहांत हो चुका था । विधवा माँ ने दूसरी शादी कर ली । नानी ने अनाथ बच्चे की देख-भाल की । बारह बरस की अवस्था में उसे गाँव से छः मील दूर ग्रैंथम के स्कूल में पढ़ने भेज दिया ।

स्कूल में न्यूटन को सबसे फिसड्डी लड़का माना जाता था । एक दिन बात ही बात में किसी लड़के से कुश्ती हो गई । कुश्ती में न्यूटन जीत गए । तभी उन्होंने निश्चय किया कि कुश्ती की ही तरह पढ़ाई में भी मैं इसे पछाड़ूँगा । वह बड़े उत्साह से पढ़ाई में जुट गए । देखते ही देखते दर्जे का सबसे कमजोर लड़का सबसे प्रतिभाशाली छात्र माना जाने लगा ।

स्कूली जीवन में ही न्यूटन में वैज्ञानिक प्रतिभा पनपने लगी थी । जब सारे लड़के खेल-कूद में मशगूल रहते तो वह अपनी ही धुन में मस्त रहते, किसी वैज्ञानिक प्रयोग में उलझे रहते । पड़ोस में एक पवन चक्की देखकर न्यूटन ने अपने लिए

एक छोटी-सी पवन चक्की बना ली थी । इतना ही नहीं, न्यूटन ने जल-घड़ी का भी निर्माण कर लिया था ।

जब न्यूटन चौदह बरस के थे, उनकी माँ के दूसरे पति की मृत्यु हो गई और वह अपने पुराने घर (वूल्स थार्पी) लौट आईं, जहाँ न्यूटन की नानी रहती थीं। घर आते ही उनकी माँ ने न्यूटन को भी ग्रैंथम से घर बुला लिया । उन्होंने न्यूटन को खेती के काम में लगाना चाहा । लेकिन उनका मन इन कामों में नहीं लगा । बाजार के दिन उन्हें नौकर के साथ ग्रैंथम जाना पड़ता, लेकिन खरीदारी नौकर ही करता । न्यूटन तो अपने रहने की पहली जगह पर जाकर शाम तक किताबें पढ़ते रहते ।

जब उनकी माँ ने पढ़ाई में उनकी इतनी रुचि देखी तो कैंब्रिज के ट्रिनिटी कॉलेज में उनका दाखिला करा दिया । कुछ दिनों बाद महामारी फैल जाने से न्यूटन वापस घर आ गए ।

एक दिन शाम को न्यूटन अपनी वाटिका में टहल रहे थे कि उन्होंने पेड़ से गिरते सेब को देखा । उनके मन में विचार आया कि आखिर सेब जमीन पर ही क्यों गिरा, ऊपर क्यों नहीं चला गया ?

इस समस्या पर विचार कर उन्होंने गुरुत्वाकर्षण के सिद्धांत की स्थापना की जिसके अनुसार हमारी पृथ्वी प्रत्येक वस्तु को अपने केंद्र की ओर खींचती है । पृथ्वी ही क्यों, ब्रह्मांड का प्रत्येक कण दूसरे कण को अपनी ओर खींचता है । इसी बल के कारण सभी ग्रह, उपग्रह अपनी कक्षाओं में बने रहते हैं । 'प्रिंसीपिया' न्यूटन द्वारा रचित महान ग्रंथ है, जिसमें उनके गति नियमों (Laws of Motion) की व्याख्या है । यह ग्रंथ तीन भागों में है, जिसका आज भी महत्त्व है । इसके अतिरिक्त न्यूटन ने और भी कई खोजें कीं । तत्कालीन समाज में न्यूटन की बड़ी प्रतिष्ठा थी । उनकी प्रसिद्धि का अंदाजा इस बात से लगाया जा सकता है कि उनके बारे में कहा जाता था —

प्रकृति अँधेरे में थी,
प्रकृति के नियम अँधेरे में थे,
तब न्यूटन पैदा हुए,
और चारों ओर उजाला हो गया ।

ये पंक्तियाँ आज भी न्यूटन की कब्र पर खुदी हुई हैं।

महान वैज्ञानिक होते हुए भी न्यूटन बहुत नम्र स्वभाव के थे। उनके पास एक प्यारा कुत्ता था— डायमंड। एक बार वह जलती बत्ती मेज पर छोड़ कर घूमने चले गए। इसी बीच न जाने क्यों, कुत्ता मेज पर झपटा। बत्ती के गिर जाने से सारे कागज जल गए। जब न्यूटन घूमकर वापस आए तो देखा कि उनकी वर्षों की मेहनत उनके सामने जलकर राख हो गई है। जानते हो, न्यूटन ने क्या किया? अपने दुख को समेटकर वह केवल इतना ही बोले "डायमंड, तू क्या जाने, तूने मेरा कितना नुकसान कर दिया?"

"संसार मेरे अनुसंधान के बारे में कुछ भी कहे, लेकिन मुझे ऐसा प्रतीत होता है कि मैं समुद्र-तट पर खेलनेवाले उस बच्चे के समान हूँ जिसको कभी- कभी अपने साथियों की अपेक्षा कुछ अधिक सुंदर पत्थर, सीप व शंख मिल जाते हैं। वास्तविकता तो यह है कि सत्य का अथाह समुद्र मेरे सामने अब भी बिन खोजा पड़ा है।"

— न्यूटन

बेंजामिन फ्रैंकलिन

(1706—1790)

बेंजामिन फ्रैंकलिन का जीवन अनेक उपलब्धियों की गाथा है। शिक्षा हो या साहित्य, प्रकाशन हो या व्यवसाय, शासन हो या आविष्कार, हर क्षेत्र में उनकी उपलब्धियाँ महान थीं । राष्ट्रीय एवं अंतरराष्ट्रीय जीवन में भी वह अत्यंत लोकप्रिय थे।

बेंजामिन फ्रैंकलिन का जन्म बोस्टन शहर (अमेरिका) में 17 जनवरी, 1706 को हुआ था। कुल मिलकर उनके सत्रह भाई-बहन थे। बेन अपने पिता की सोलहवीं संतान थे। पिता मोमबत्तियाँ बनाकर गुजर-बसर करते थे। उनके जन्म से बीस वर्ष पूर्व ही परिवार इग्लैंड से आकर बोस्टन में बस गया था।

बेन ने अपनी पढ़ाई स्वयं शुरू की और आठ वर्ष की आयु में स्कूल में दाखिल हो गए, लेकिन पैसे के अभाव में उनकी पढ़ाई बंद हो गई। बचपन में बेन अपने पिता से कहते थे, "मैं समुद्र पार जाऊँगा।" वह हमेशा बंदरगाह की ओर देखा करते थे।

पिता डर जाते। उन्होंने बेन को बड़े भाई जेम्स के साथ लगा दिया जो छापाखाना चलाता था। जेम्स 'दि न्यू इंग्लैंड करेंट' नामक साप्ताहिक पत्र भी निकालता था।

वहाँ बारह साल के बेन की काम में कुछ दिलचस्पी पैदा हुई। वह टाइप सेट करते, मशीनें चलाते।

साथ ही उनकी पढ़ने की रुचि बराबर बनी रही। पैसा बचाकर वह नई किताबें खरीद कर पढ़ते। बेन को लगने लगा कि वह लेखक भी बन सकते हैं, मगर उनके भाई को उनकी प्रतिभा पर विश्वास न हुआ। अतः बेन ने अपना नाम बदल लिया और मिसेज साइलैंस डॉगवुड नाम से लेख लिखकर रोज रात को प्रेस में डाल देते। लेख छपने लगे। जेम्स को जब असलियत का पता चला तो उसने क्रोध में आकर बेन को बुरा-भला कहा।

भाई के व्यवहार से तंग आकर अठारह वर्षीय फ्रैंकलिन ने घर छोड़ दिया और फिलाडेल्फिया चले गए। वहाँ उन्हें छापेखाने में नौकरी मिल गई। मगर वह अपना निजी छापाखाना लगाना चाहते थे। उस समय उनके पास थोड़ा ही पैसा था, अतः वह लंदन चले गए और फिर दो बरस बाद फिलाडेल्फिया वापस आ गए। वहाँ उन्होंने अपना छापाखाना खोला और समाचार-पत्र निकालने लगे। उन्होंने 'पेंसिवेनिया गजेट' की स्थापना की। उसके कई ग्राहक हो गए। फ्रैंकलिन ने बड़ा-सा पुस्तकालय भी स्थापित किया। अमेरिका में अपने ढंग का यह पहला पुस्तकालय था।

आगे चलकर फ्रैंकलिन ने काफी धन कमाया। सामाजिक एवं राजनीतिक जीवन में भी उनका खूब दखल था। 1753 में फ्रैंकलिन को कॉलोनियों का पोस्टमास्टर जनरल नियुक्त किया गया। 1847 में जब अमेरिका में पहली बार डाक टिकटें छपीं, तो उन पर फ्रैंकलिन का ही चित्र था। राष्ट्र ने उनकी सेवाओं के प्रति अपनी विनम्र श्रद्धांजलि इस रूप में उन्हें दी थी।

इतना ही नहीं, जब अमेरिका स्वतंत्र हो रहा था तो कांटिनेंटल कांग्रेस ने टामस जेफरसन, जॉन एडम्स और बेंजामिन फ्रैंकलिन के साथ मिलकर स्वतंत्रता-घोषणा-पत्र तैयार करने के लिए एक समिति बनाई थी। घोषणा-पत्र के नीचे फ्रैंकलिन के ही हस्ताक्षर थे।

विज्ञान में भी उनकी कई अमूल्य देनें हैं। उन्होंने पतंग उड़ाकर यह पता लगाया था कि रगड़ द्वारा उत्पन्न की गई कृत्रिम विद्युत और आकाश की प्राकृतिक विद्युत

दोनों की प्रकृति एक-सी है और उसे नीचे उतारा भी जा सकता है। उनके द्वारा निर्मित 'तड़ित चालक' आज भी भवनों की सुरक्षा के लिए घरों में लगाया जाता है।

उन्होंने लीडन जार में अपेक्षित सुधार किए थे। फ्रैंकलिन के विद्युत संबंधी प्रयोग उनकी 'अमेरिका के फिलाडेल्फिया शहर में विद्युत-प्रेरक प्रेक्षण एवं प्रयोग' पुस्तक में संग्रहीत हैं। इस ग्रंथ की सर्वत्र चर्चा हुई तथा कई भाषाओं में अनुवाद भी हुआ।

कई वैज्ञानिकों ने फ्रैंकलिन के इस ग्रंथ की तुलना न्यूटन के महान ग्रंथ 'प्रिंसीपिया' से की थी। उन्हें विज्ञान जगत ने सम्मान दिया। लंदन की 'रॉयल सोसायटी' तथा पेरिस की 'रॉयल एकेडेमी ऑफ साइंसेज' ने उन्हें अपना सदस्य चुना। फ्रैंकलिन कहा करते थे, 'विद्युत एक द्रव (वाहिनी) है'। और आज हम कहते हैं, 'विद्युत इलेक्ट्रॉनों की धारा के अतिरिक्त कुछ नहीं है।' वस्तुतः दोनों कथनों में भिन्नता ही क्या है ?

फ्रैंकलिन अमेरिकी जनता में अत्यंत लोकप्रिय थे। राजनीतिक-सामाजिक जीवन में वह अग्रणी थे। जीवन-भर स्वयं ज्ञान प्राप्त करके उन्होंने इतना सम्मान अर्जित किया। किसी शिक्षक ने उन्हें पढ़ाया हो यह सुनने में नहीं आता। अपने परिश्रम और निष्ठा से वह महान बने।

"ईश्वर से कामना है कि इस संसार के सारे देशों में न केवल स्वतंत्रता के प्रति प्रेम की भावना बल्कि मनुष्य के अधिकारों का ज्ञान भी चारों तरफ फैल जाए। कोई भी समझदार व्यक्ति संसार के किसी भी देश में बेरोक-टोक जा सके और वहाँ रह सके।"

—बेंजामिन फ्रैंकलिन

माइकेल फैराडे

(1791—1867)

किसी जिल्दसाज की दुकान पर बारह-तेरह बरस के लड़के को काम करते देखकर क्या तुम कल्पना कर सकते हो कि यह लड़का आगे चलकर वैज्ञानिक बन सकता है ?

तुम सोचते होगे भला जिल्द बाँधनेवाला मामूली लड़का वैज्ञानिक क्या बनेगा ? लेकिन नहीं, आदमी सब कुछ बन सकता है यदि उसमें कुछ बनने की इच्छा और लगन हो। हम तुम्हें एक ऐसे ही बच्चे के बारे में बताने जा रहे हैं, जो जिल्दसाजी का काम करते-करते आगे चलकर महान वैज्ञानिक हुआ और लंदन की मशहूर वैज्ञानिक संस्था 'रॉयल इंस्टीट्यूट' का निदेशक बना।

यह बच्चा था माइकेल फैराडे। वह लंदन में किसी जिल्दसाज की दुकान पर जिल्द बाँधता था लेकिन उसमें एक खास बात यह थी कि वह जिल्द बाँधने के बाद पुस्तकों को बड़े मनोयोग से पढ़ता भी था।

उन दिनों रॉयल इंस्टीट्यूट के अध्यक्ष थे— सर हंफ्री डेवी। उन्होंने भी एक पुस्तक उसी दुकान पर जिल्द बाँधने को दी थी। जब वह अपनी विद्युत संबंधी पुस्तक वापस लेने पहुँचे तो उन्होंने एक बच्चे को वह पुस्तक पढ़ते देखा। उन्हें बड़ा आश्चर्य

हुआ। उन्होंने फैराडे की परीक्षा लेनी चाही। उन्होंने उस पुस्तक में से कुछ सवाल पूछे जिनका माइकेल ने ठीक-ठीक उत्तर दे दिया।

वह उस बालक से बहुत प्रभावित हुए। उन दिनों डेवी साहब लोकप्रिय भाषण देकर जनता को अपनी नई खोजों से परिचित कराते थे, इसलिए उन्होंने अपना भाषण सुनने के लिए फैराडे को भी अपने इंस्टीट्यूट में आने के लिए कहा। फैराडे रोज उनका भाषण सुनता। साथ ही उसका एक विस्तृत नोट भी तैयार कर लिया करता। कहीं-कहीं आवश्यक चित्र भी बना लेता था। उसका मन जिल्दसाजी के काम में नहीं लगता था। उसकी रुचि वैज्ञानिक प्रयोगों के प्रति अधिक थी।

इसलिए उसने प्रार्थना-पत्र लिखकर डेवी से निवेदन किया कि उसे रॉयल इंस्टीट्यूट की प्रयोगशाला में कोई काम दे दिया जाए। प्रार्थना-पत्र के साथ ही उसने अपने नोट भी भेज दिए जो उसने डेवी के भाषणों को सुनकर बनाए थे।

डेवी ने उसकी लगन देखकर इंस्टीट्यूट की प्रयोगशाला में उसे बोतलें धोने का काम दे दिया। अपनी लगन और निष्ठा से फैराडे बाद में डेवी का सहायक बन गया।

सन् 1813 में जब डेवी ने वैज्ञानिकों से मिलने के लिए यूरोप की यात्रा की तो वह फैराडे को भी साथ ले गए। इससे फैराडे का परिचय ढेर सारे चोटी के वैज्ञानिकों से हो गया। लौटने पर वह स्वतंत्र रूप से वैज्ञानिक प्रयोग करने लगे और सन् 1825 में रॉयल इंस्टीट्यूट के निदेशक के पद पर नियुक्त किए गए।

फैराडे का महत्त्वपूर्ण कार्य विद्युत और चुंबकत्व पर था। डायनमो और ट्रांस्फार्मर का आविष्कार कर उन्होंने चुंबक से बिजली उत्पन्न करने की युक्ति खोज निकाली थी। विज्ञान की भाषा में इसे विद्युत चुंबकीय प्रेरण (Electro-Magnetic Induction) कहते हैं। आज भी दुनिया के लगभग हर शहर में बड़े पैमाने पर इसी विधि से बिजली पैदा की जाती है।

फैराडे ने जिल्दसाज के रूप में अपना जीवन शुरू किया और महान आविष्कारक होकर ख्याति प्राप्त की। अपने प्रारंभिक जीवन के बारे में फैराडे ने लिखा है, "दो पुस्तकें थीं जिन्होंने मेरी बहुत सहायता की— एक तो 'इंसाइक्लोपीडिया ब्रिटेनिका'

जिससे विद्युत के संबंध में मुझे प्रारंभिक शिक्षा मिली और दूसरी मिसेज जेन मार्सेट की 'रसायन के विषय में कुछ संवाद' जिसने कैमिस्ट्री (रसायन विज्ञान) की मेरी नींव रखी।''

वास्तव में इन पुस्तकों का उनके जीवन पर अधिक प्रभाव पड़ा, क्योंकि फैराडे रसायन विद्युत में ही अनुसंधान करते रहे। विद्युत विज्ञान की एक महत्त्वपूर्ण इकाई का नाम उनके नाम पर 'फैरड' रखते हुए वैज्ञानिकों ने उनके प्रति अपना आभार प्रकट किया है।

''मैं माइकेल फैराडे ही रहकर मरना चाहता हूँ, 'सर माइकेल' होकर नहीं।''
(महारानी विक्टोरिया द्वारा दी गई 'सर' की उपाधि का विनम्रता से परित्याग करते समय फैराडे के उद्‌गार)

चार्ल्स डार्विन

(1809—1882)

सृष्टि के विकास के संबंध में पहले तरह-तरह की धारणाएँ समाज में फैली थीं। पादरियों का खयाल था कि ईश्वर ने विश्व की रचना की है। इन बातों का वैज्ञानिक ढंग से सर्वप्रथम खंडन किया चार्ल्स डार्विन ने जो आज 'विकासवाद' (Theory of Evolution) के जनक के रूप में विख्यात हैं। उन्होंने अपने गहन अध्ययन से यह निष्कर्ष निकाला था कि संसार ईश्वर की देन नहीं, बल्कि करोड़ों वर्षों के लगातार विकास का परिणाम है। पाँच वर्ष (1836) तक उन्होंने 'बीगल' नामक जहाज पर प्रकृतिवेत्ता की हैसियत से यात्रा की और जीव-जंतुओं का निरीक्षण करके दो महत्त्वपूर्ण पुस्तकें लिखीं— 'द ओरिजन ऑफ स्पीशीज' तथा 'डिसेंट ऑफ मैन' ('जाति-वर्गों का विकास' और 'मानव का अवतरण')।

डार्विन ने अपने विचार प्रकट करते हुए लिखा है कि मनुष्य का जो स्वरूप आज है, वह उसके अनेक वर्षों के क्रमिक विकास का परिणाम है और हर जीवधारी विकास की शृंखला में बँधा हुआ है।

डार्विन का जन्म 12 फरवरी, 1809 को श्रयूसवरी (इंग्लैंड) के एक सम्मानित परिवार में हुआ था। पिता शैर्वा डार्विन मशहूर चिकित्सक तथा रॉयल सोसायटी

के सदस्य थे। चार्ल्स की प्रारंभिक पढ़ाई श्रयूसवरी में हुई थी। पढ़ाई में उनका मन नहीं लगता था। डार्विन ने अपने स्कूली दिनों के बारे में स्वयं लिखा है, ''अभी मैं आठ वर्ष का ही था कि मेरी माँ की मृत्यु हो गई । उसी वसंत में मुझे श्रयूसवरी में भर्ती करा दिया गया। पढ़ाई में मुझे अपनी छोटी बहन कैथरीन से कमजोर माना जाता था। मेरा भी विश्वास है कि मैं नटखट बालक था। यहीं मुझमें प्रकृति की ओर झुकाव हुआ, विशेषकर प्राणियों के संग्रह करने का। मैं हर पौधे का नाम जानने की चेष्टा करता था और जीवों के साथ-साथ खनिज, सिक्के इत्यादि भी इकट्ठे करता था। मेरी यह आदत प्राकृतिक रूप से ही विकसित हुई होगी क्योंकि मेरे किसी भी बड़े भाई-बहन में यह आदत न थी।

''पता नहीं क्यों, शुरू से ही मैं पौधों की विभिन्नता की ओर आकर्षित हो गया था। मुझे याद है कि मैंने अपने एक मित्र से कहा था कि मैं रंगीन पानी से पौधों को सींचकर फूल उत्पन्न कर सकता हूँ, हालाँकि यह कोरी कल्पना ही थी। मुझे पक्षियों के अंडे इकट्ठे करने का चाव था, परंतु मैंने घोंसलों से अंडे नहीं निकाले। मुझे मछलियाँ मारने में भी काफी आनंद आता था।''

पिता ने चार्ल्स के इस शौक से चिढ़कर कहा था, ''तुम कुत्ते और बिल्ली पकड़ने के सिवाय किसी की परवाह नहीं करते हो, तुम अपने परिवार के लिए कलंक होओगे।'' लेकिन उनके ऊपर कोई प्रभाव नहीं पड़ा।

होशियार पिता ने उन्हें सोलह वर्ष की आयु में एडिनवरा विश्वविद्यालय में चिकित्साशास्त्र का अध्ययन करने के लिए भेजा। वहाँ दो वर्ष बेकार गए क्योंकि चार्ल्स वनस्पति-जंतुओं को इकट्ठा करने में ही रुचि लेते थे। पढ़ाई की ओर उनका कतई ध्यान नहीं था। निराश होकर पिता ने सोचा, चार्ल्स डॉक्टर न सही, चर्च का पादरी ही बन जाए। धार्मिक पढ़ाई के लिए उन्हें कैंब्रिज भेज दिया गया। वहाँ उनका परिचय वनस्पतिशास्त्री हेंस्लो से हुआ जो निश्चय ही उनके जीवन की महत्त्वपूर्ण घटना थी।

हेंस्लो से डार्विन को प्राकृतिक विषयों की अच्छी शिक्षा मिली तथा उनका अन्य प्रकृतिविदों (Naturalists) से परिचय हुआ। इंग्लैंड से 'बीगल' नामक जहाज विश्व यात्रा पर जानेवाला था। इस यात्रा का मुख्य उद्देश्य प्रशांत महासागर के कुछ द्वीपों

की जाँच-पड़ताल करना था। उस जहाज पर कैप्टेन फ्रिट्जरॉय के साथ प्रकृति अन्वेषक के रूप में डार्विन को यात्रा करने का मौका मिला। यह सारी व्यवस्था हेंस्लो के प्रयास से संभव हुई। 27 दिसंबर, 1831 को डेवनपोर्ट बंदरगाह से डार्विन विश्व-यात्रा के लिए बीगल पर सवार हुए। वह जहाँ से भी गुजरते अपने अनुभवों, वहाँ की वनस्पतियों, जंतुओं का विवरण अपनी डायरी में लिखते जाते। 1836 में डार्विन इंग्लैंड लौटे।

लोग यात्रा के बारे में जानने को उत्सुक थे। लोगों की इसी उत्सुकता के फलस्वरूप उन्होंने 'दि ओरिजन ऑफ स्पीशीज' तथा 'डिसेंट ऑफ मैन' पुस्तकों की रचना की।

डार्विन के विचार जब पुस्तक रूप में प्रकाशित हुए तब धर्मांध पादरी खूब चिढ़े और उन्हें भला-बुरा कहने लगे। कुछ लोग डार्विन को 'बंदर की औलाद' तक कहते थे क्योंकि डार्विन ने बताया था कि मानव 'वानर' जाति से विकसित हुआ है। पर डार्विन अपने सिद्धांत पर डटे रहे। धीरे-धीरे विरोधों का अंत हुआ और डार्विन के 'विकासवाद' को मान्यता मिली। 1839 में रॉयल सोसायटी ने डार्विन को अपना सदस्य मनोनीत किया। तमाम वैज्ञानिक संस्थाओं ने उनका सम्मान किया।

''मनुष्य का विकास इसलिए हो सका कि उसके शक्तिशाली मस्तिष्क ने जीवित रहने में उसकी मदद की।''

— *चार्ल्स डार्विन*

लुई पास्चर

(1822—1891)

एक बार फ्रांस में लोगों से कई सवाल पूछे गए । उनमें एक सवाल यह भी था कि फ्रांस में सबसे महान् व्यक्ति कौन हुआ है ? कई नाम गिनाए गए । सबसे पहले स्थान पर किसका नाम था ? तुम भी सहज ही नेपोलियन का नाम लोगे, क्योंकि वह तो फ्रांस का निर्माता था, शासक था । लेकिन नहीं, नेपोलियन पाँचवें स्थान पर था । तो फिर सबसे महान होने का गौरव जनता ने किसको दिया ?

यह सम्मान मिला वैज्ञानिक लुई पास्चर को । पास्चर ने ऐसा क्या काम किया था ? पास्चर ने संपूर्ण मानव जाति के लिए वर्षों श्रम किया था । उन्होंने जीवाणुओं (Bacteria) द्वारा उत्पन्न होनेवाली तमाम लाइलाज बीमारियों का इलाज ढूँढ़ा, पागल कुत्ते के काटने की दवा बताई , रेशम के कीड़ों की बीमारी दूर की, शराब बनानेवालों की परेशानी दूर की और शराब खराब हो जाने से जो व्यवसाय ठप हो जानेवाला था, फिर तेजी से चल पड़ा । पास्चर के कार्य महान थे, मानवता के हित में उन्होने अपना सारा जीवन अर्पित कर दिया था ।

फ्रांस के पूर्वी हिस्से के एक गाँव डोलजूरा में 1822 की सर्दियों में उनका जन्म हुआ था । पिता फ्रांस की फौज में रह चुके थे, नेपोलियन के हार जाने के बाद

उन्होंने गाँव में आकर चमड़े की दुकान खोल ली थी। लुई ने किसी स्कूल में शिक्षा नहीं पाई। उन्होंने जो कुछ भी सीखा अपनेआप ही सीखा।

लुई ने बचपन में ऐसा कोई काम नहीं किया, जिससे लगे कि वह आगे चलकर कोई नई खोज करेगा। लुई चौदह-पंद्रह साल के हुए तो चित्र बनाने में रुचि लेने लगे। यदि उनका झुकाव विज्ञान की ओर न हुआ होता तो वह निश्चय ही चित्रकार होते। आज भी पेरिस के पास्चर इंस्टीट्यूट में उनके द्वारा निर्मित चित्र टँगे हुए हैं।

स्थानीय सेकेंडरी स्कूल के हैडमास्टर ने न जाने उनमें क्या देखा कि उन्हें लगा पास्चर योग्य अध्यापक बन सकते हैं। अतः पेरिस के अध्यापकों के 'एकोल नार्मलि-सुपूरियो' नामक प्रशिक्षण संस्थान में उन्हें दाखिला मिल गया। लेकिन वह अध्यापक न बनकर अनुसंधान की ओर झुक गए।

पास्चर के शहर में शराब बनाने का भारी व्यवसाय होता था। मगर न जाने क्यों शराब सड़ जाती थी, खट्टी होकर सिरके का रूप ले लेती थी और इस तरह शराब बनानेवाले को भारी नुकसान उठाना पड़ता था। किसी व्यवसायी ने पास्चर से अपनी बात कही। पास्चर ने शराब के तमाम नमूनों को बारीकी से जाँचा-परखा और पता लगाया कि शराब को एक विशेष प्रकार के जीवाणु सड़ाते हैं। उन जीवाणुओं से शराब को बचाया कैसे जाए? इसका भी उपाय उन्होंने बताया। शराब बनाते समय अगर बरतन को गरम रखा जाए तो जीवाणु मर जाते हैं। पास्चर की इस खोज से सुरा व्यवसाय फिर जम गया।

पास्चर जीवाणु-विज्ञान (Bacteriology) के जनक कहे जाते हैं। वस्तुतः उन्होंने ही इस सिद्धांत की स्थापना की थी कि जीवाणु रोगों को फैलाते हैं। उन्होंने एंथ्रैक्स (गिल्टी बनना), गैंग्रीन (चमड़ी गलना), खून में जहर फैलना, प्रसव-ज्चर आदि का अध्ययन किया और उनके जीवाणुओं से छुटकारा पाने की युक्ति भी चिकित्सा-विज्ञान को दी।

पास्चर के गाँव में पागल कुत्तों के काटने पर एक लुहार डॉक्टर का काम करता था। वह घाव में एक लाल गरम सलाख डाल देता। ऐसे भयंकर कष्टों से लोगों

को गुजरना पड़ता और शायद ही कोई बच पाता। पास्चर ने इससे भी लोगों को छुटकारा दिलाया। उन्होंने एक नौ साल के बच्चे को टीका लगाकर बिलकुल ठीक कर दिया। मानवता की सेवा में अपने जीवन का प्रत्येक क्षण लगानेवाले पास्चर का नाम फ्रांस के बच्चे-बच्चे की जबान पर था। तभी तो फ्रांस की जनता ने उन्हें एक स्वर से फ्रांस का सबसे महान व्यक्ति स्वीकार किया।

> ''मुझे पूर्ण विश्वास है कि अविद्या तथा युद्ध की प्रवृत्ति पर, अंत में विजय विज्ञान और शांति की होगी, और ये राष्ट्र आखिर एक होकर परस्पर विनाश में नहीं, मनुष्य की उन्नति में ही प्रवृत्त होंगे। भविष्य उन्हीं का होगा, जिन्होंने दुखी मानव जाति के लिए अधिक से अधिक कष्ट उठाए हैं।''
>
> *— लुई पास्चर*

अलेक्जेंडर ग्राहम बेल

(1847—1922)

तुम्हारा कोई दोस्त दिल्ली में हो या बंबई में, घर बैठे-बैठे तुम मिनटों में उससे बात कर सकते हो। कोई दुर्घटना हो गई हो, दंगा-फसाद हो गया हो तो पुलिस को तत्काल बुला सकते हो, कहीं आग लग गई हो तो फायरब्रिगेड आनन-फानन में हाजिर हो जाएगी और धू-धू करती आग की लपटें देखते-देखते शांत कर देगी। यह सब भला कैसे संभव है ? टेलीफोन से न।

टेलीफोन का आविष्कार निश्चय ही बहुत बड़ी वैज्ञानिक उपलब्धि है। इससे मानो समय हमारी पकड़ में है। दिनों और घंटों में भी जो काम न हो सके, वही मिनट-भर में हो जाता है। अलेक्जेंडर ग्राहम बेल ने जब टेलीफोन का आविष्कार किया तो सहज ही दुनिया-भर के बड़े वैज्ञानिकों ने कहा कि बेल का टेलीफोन संसार का सर्वोत्तम आविष्कार है।

बेल का जन्म 3 मार्च, 1847 को एडिनबरा (इंगलैंड) में हुआ था। बेल जब थोड़े बड़े हुए तब तक उनका परिवार कनाडा में बस गया था। बेल का परिवार गूँगे तथा बहरों को पढ़ाने का काम करता था और यही उस परिवार की जीविका का साधन भी था। बेल को भी बहरे बच्चों के स्कूल में पढ़ाना पड़ता था। वह

बच्चों के सामने बोलते और मुँह से इशारे करते जाते। बच्चे उनके मुँह की थिरकन देखकर नकल करते हुए आवाज पैदा करने की कोशिश करते। बेल को बहरे बच्चों से सहानुभूति थी। वह उनकी सेवा को अपने जीवन का लक्ष्य बनाना चाहते थे, लेकिन साथ ही वह यह भी चाहते थे कि वह एक ऐसा यंत्र बनाएँ जिसके द्वारा एक स्थान पर बोले शब्द दूसरे स्थान पर सुने जा सकें। निश्चय ही टेलीफोन की एक अस्पष्ट तसवीर उनके दिमाग में थी। तब तक टेलीग्राफ (तार) का आविष्कार हो चुका था जिसमें 'डाट' और 'डैश' संकेतों के जरिए संदेश एक स्थान से दूसरे स्थानों को भेजे जा सकते थे। लेकिन बेल चाहते थे कि तार के एक छोर पर बोले गए शब्द उसी समय दूसरी ओर सुने जा सकें।

निश्चय ही यह काम कठिन था। यह बेल का सौभाग्य था कि उन्हें एक अच्छा सहयोगी मिल गया। थामस वाटसन बिजली के कार्यों में दक्ष था। बेल यंत्रों के नक्शे बनाकर देता और वाटसन उन्हीं के अनुसार मॉडल बना देता। दोनों आपस में बातें करते और टेलीफोन-यंत्र के बारे में नई-नई योंजनाएँ बनाते। जिस कारखाने में वाटसन काम करता था, उसी में ऊपर की एक कोठरी में वे प्रयोग करते। यही कमरा बेल की प्रयोगशाला थी।

बेल और वाटसन का परिश्रम सफल हुआ और उनकी मेहनत रंग लाई। 1876 के आरंभ में एक दिन मानो चमत्कार हो गया। बेल ने प्रेषक-यंत्र में कहा, "वाटसन, यहाँ आओ। मुझे तुम्हारी जरूरत है।"

इस आवाज को वाटसन ने साफ सुना था और सुनते ही उसके सामने आ खड़ा हुआ और बोला, "मुझे आपकी आवाज सुनाई दी। इसका मतलब यंत्र काम कर रहा है।"

निश्चय ही बेल द्वारा बोले गए उपर्युक्त वाक्य ही टेलीफोन द्वारा प्रेषित प्रथम वाक्य थे। आविष्कारों की श्रेणी में एक नया आविष्कार आ जुड़ा था, जिसे चोटी के वैज्ञानिकों ने 'सर्वश्रेष्ठ आविष्कार' की संज्ञा दी थी।

बेल के यंत्र का जनता ने जोरदार स्वागत किया। कई स्थानों पर उन्होंने टेलीफोन का सार्वजनिक प्रदर्शन किया। जनता उनके आविष्कार पर मुग्ध हो उठी।

फिलाडेल्फिया में एक अंतरराष्ट्रीय प्रदर्शनी में ब्राजील के सम्राट ने टेलीफोन का चमत्कार देखकर बेल से कहा, "यह सबसे अद्भुत चीज है। तुमने ऐसा आविष्कार किया है, जिससे संसार-भर के लोगों का जीवन बदल जाएगा।"

एक दिन महारानी विक्टोरिया का आमंत्रण बेल को मिला। राजमहल में उनका भव्य स्वागत हुआ। किसी गायिका के गाने को महारानी ने टेलीफोन से सुना और इस प्रदर्शन से वह बहुत प्रसन्न हुईं। फिर तो टेलीफोन का प्रचार दिनोंदिन बढ़ने लगा। दिन-रात संदेश आने-जाने लगे, खुशियों के, गम के, राजनीति के, व्यापार के, प्रेम-प्रसंगों के। टेलीफोन ने हमारे समय की बचत की है और युग को गति प्रदान की है। वर्तमान सभ्यता और आनेवाली तमाम पीढ़ियाँ बेल को स्मरण करती रहेंगी।

> "मैं आज भी यह बात अंगीकार करने के लिए विवश हूँ कि कोई आदमी वाशिंगटन में बोल सकता है और दूसरा आदमी पेरिस में एफिल टावर के अंचल में बैठा हुआ उसकी बात सुन सकता है। मैं स्वीकार करता हूँ कि मैंने उस मार्ग में भारी प्रगति की परंतु उसके बाद हुए अनेक आविष्कारों में अन्य अनेक मस्तिष्कों की सहायता आवश्यक हुई।"
>
> — *अलेक्जेंडर ग्राहम बेल*

थामस एलवा एडिसन

(1847—1931)

बात सन् 1862 की है। डेट्रायट से पोर्ट हरन (मिशिगन, अमेरिका) तक जानेवाली ट्रेन में एकाएक आग लग गई। गाड़ी रुकी। कंडक्टर आया और उस डब्बे का सारा सामान फेंका जाने लगा। सामान था — साग-सब्जियों की टोकरियाँ, किताबें, टेस्ट-ट्यूब, बोतलें, बिजली के तार, अखबारों के बंडल, छापनेवाली छोटी-सी मशीन। इन चीजों के साथ चलनेवाले बालक को नीचे उतारकर कंडक्टर ने जोर का चाँटा मारा, "तुझे ट्रेन में चलने दिया तो तू ट्रेन को जला देगा।"

यह बच्चा 'अल' एडिसन था और उस समय उसकी आयु थी कुल पंद्रह वर्ष। बचपन में ही अल को वैज्ञानिक प्रयोग करने में रुचि उत्पन्न हो गई थी, लेकिन सामान खरीदने के पैसे कहाँ से आएँ? इसी समस्या के समाधान के लिए उसने ट्रेन पर अखबार बेचना शुरू किया। खाली समय में, गाड़ी के रुके रहने पर वह डेट्रायट के सार्वजनिक पुस्तकालय में जाकर विज्ञान की पुस्तकें पढ़ता और ट्रेन के डब्बे में वैज्ञानिक प्रयोग भी करता। सब्जी तो वह बेचता ही था। एक दिन भूल से फास्फोरस का टुकड़ा गिर जाने से डब्बे में आग लग गई थी।

एडिसन ने उसी डब्बे में छापाखाना भी लगा रखा था और 'वीकली हेराल्ड'

नामक एक साप्ताहिक पत्र भी स्वयं निकालता था। इस पत्र का कंपोजीटर, प्रूफरीडर, संवाददाता, संपादक, प्रकाशक एडिसन ही था। यह दुनिया का पहला अखबार था जो चलती ट्रेन में निकाला जा रहा था। एडिसन के इस प्रयास से प्रसन्न होकर लंदन के प्रसिद्ध पत्र 'टाइम्स' ने इस खबर को प्रकाशित करके एडिसन के कार्य की सराहना की।

एडिसन के हाव-भाव से कोई यह उम्मीद नहीं करता था कि आगे चलकर वह बालक महान आविष्कारक बनेगा। लेकिन धन्य है वह माँ, जिसने अपने बच्चे की प्रतिभा को जन्म से ही पहचान लिया और उसे जी-जान से सजाया-सँवारा।

एक दिन अल ने अपनी माँ से 'एडेल्ड ब्वॉय' तथा 'नॉट नॉर्मल ब्यॉय' का मतलब पूछा। माँ ने अर्थ तो बता दिया कि एडेल्ड ब्वॉय ऐसे लड़के को कहते हैं जो सनकी, पागल या झक्की हो और नॉट नॉर्मल का मतलब है असामान्य। लेकिन माँ यह सुनकर दंग रह गई कि ये शब्द अल के अध्यापक ने स्कूल में इंस्पेक्टर के सामने अल के लिए प्रयोग किए थे। उसने तुरंत स्कूल जाकर अध्यापक को डाँटते हुए कहा, ''एक दिन सारी दुनिया जानेगी कि अल क्या है, पर आपको कोई नहीं जानेगा।''

उस दिन से अल का स्कूल छूट ही गया। वह कुल तीन महीने ही हरन के पब्लिक स्कूल में पढ़े, सारी उम्र अपनेआप ज्ञान प्राप्त करते रहे। ट्रेन में आग लग जाने से उनका सारा कार्यक्रम ठप हो गया था। लेकिन विधाता को कुछ और ही मंजूर था। उसी दौरान एक ऐसी घटना घटी जिसने एडिसन के जीवन की दिशा ही बदल दी।

एक दिन एडिसन ने अपनी जान की भी परवाह न करते हुए रेलगाड़ी के नीचे आते-आते एक बच्चे को बचा लिया। वह बच्चा उसी स्टेशन के तार-बाबू का लड़का था। कृतज्ञ होकर तार-बाबू ने उनसे कहा, ''मैं आपके उपकार के ऋण से किस प्रकार मुक्त हो सकता हूँ ?''

एडिसन क्षण-भर सोचते रहे। फिर उन्होंने तार भेजना सीखने की इच्छा जाहिर की। कुछ ही दिनों में तार-बाबू ने एडिसन को तार भेजने की कला में प्रवीण कर दिया।

उसी की बदौलत एडिसन को किसी स्टेशन पर 'टेलीग्राफ ऑपरेटर' की नौकरी मिल गई लेकिन कुछ दिनों बाद एडिसन की खुद की लापरवाही के कारण वह नौकरी भी जाती रही। एडिसन ने अपने जीवन में तमाम उतार-चढ़ाव देखे थे। वह एक असाधरण परिश्रमी युवक थे। हार मानना तो उन्होंने सीखा ही नहीं था। वह अपनी लगन और निष्ठा से सफलता की सीढ़ियाँ चढ़ते गए।

आखिर उनके जीवन में वह क्षण भी आया जब सारी दुनिया 'अल' को जान गई। माँ का आशीष फला, भविष्यवाणी सच साबित हुई। उन्होंने सारे संसार को अपने आविष्कार से चौंका दिया। उनका यह आविष्कार था — *बिजली का बल्ब*।

बल्ब ही नहीं, एडिसन ने ग्रामोफोन, वोट रिकार्डर, टेलीग्राफ सिगनल, चलचित्र, कैमरा जैसे 2,500 आविष्कारों से दुनिया को समृद्ध कर मानवता का हित किया है। इतने आविष्कारों के पेटेंट का श्रेय किसी अन्य वैज्ञानिक को नहीं है। जीवन के अंतिम क्षण तक वह मानवता की सेवा में लगे रहे।

"मेरी माता मेरी उन्नति का कारण थीं। मैंने ठीक उसी समय संकल्प किया कि मैं उसे निराश नहीं करूँगा। उसकी मेरे प्रति कितनी सच्ची भावना थी, कितना अधिक विश्वास था! मैंने अनुभव किया कि कोई ऐसा व्यक्ति है जिसके लिए मुझे जीवित रहना है। उसकी स्मृति मेरे लिए आजीवन सतत् आशीर्वाद समान थी।"

— एडिसन

हेनरी फोर्ड

(1863—1947)

विलियम फोर्ड स्प्रिंगवेल (अमेरिका) के एक परिश्रमी किसान थे। उनका फार्म आस-पास के इलाके में सबसे अच्छा समझा जाता था। वह खेतों में कड़ी मेहनत करते। जब उनके घर में हेनरी का जन्म हुआ तो उन्होंने सोचा कि बेटे को एक अच्छा किसान बनाऊँगा, जो आगे चलकर फार्म का काम सँभाल सके। लेकिन शुरू से ही हेनरी ने कृषि कार्यों में रुचि नहीं दिखाई, बल्कि वह फार्म की मशीनों, यंत्रों को ठीक करने में अधिक रुचि लेते।

उनके पिता उसे फार्म पर ले जाते, लेकिन वहाँ जरा भी उनका मन न लगता। जब वह बारह साल के थे तो उनके पिता ने उनके लिए एक घड़ी खरीदी। हेनरी ने उनके सामने ही घड़ी खोल दी। वह बहुत बिगड़े, लेकिन देखते ही देखते उन्होंने सारे पुर्जे फिर फिट कर दिए और घड़ी ठीक से चलने लगी। उन्होंने घड़ी इस कारण खोली थी कि वह घड़ी की कार्य-प्रणाली जान जाएँ कि घड़ी कैसे चलती है ?

धीरे-धीरे वह घड़ी ठीक करने में दक्ष हो गए। मरम्मत के लिए उनके पास ढेरों घड़ियाँ आने लगीं। उनके पिता बहुत खुश हुए, मगर यह जानकर कि वह

मुफ्त में घड़ियाँ बनाते हैं, काफी बिगड़े भी। फिर भी हेनरी चोरी-छिपे घड़ियाँ बनाते रहे।

एक दिन हेनरी ने अपने गाँव की सड़कों पर भाप का इंजन चलता देखा। तभी से उन्होंने अपने भविष्य की योजना बना डाली। अब वह महसूस करने लगे कि स्प्रिंगवेल जैसे गाँव में वह कुछ नहीं कर सकते। अतः सोलह वर्षीय किशोर हेनरी घर से भाग निकले और डेट्रायट की ओर चल पड़े।

वहाँ उन्हें एक कारखाने में काम मिल गया, जिसमें रेल के डब्बे तैयार होते थे। मगर अपनी योग्यता के कारण छः दिन बाद उन्हें काम से निकाल दिया। हुआ यह कि एक मशीन में कुछ खराबी आ गई जिसे उस कंपनी के कारीगर ठीक न कर सके। हेनरी ने उस खराबी को आधे घंटे में ठीक कर दिया और इसीलिए उन्हें निकाल दिया गया कि कहीं कंपनी के अनुभवी कारीगरों का अपमान न होने पाए।

हेनरी को तुरंत दूसरे कारखाने में काम मिल गया। एक दिन घर लौटते समय सड़क पर हेनरी की एक लड़के से टक्कर हो गई, जिससे उसका सारा सामान गिर गया। वह लड़का रोने लगा कि डब्बे की सारी घड़ियाँ टूट गई होंगी ? अब क्या होगा ?

हेनरी ने उसे दिलासा दी और घड़ी की दुकान में जाकर सारी घड़ियाँ ठीक कर दीं। दुकानदार बहुत खुश हुआ। उसने हेनरी को घड़ियों की मरम्मत के लिए काम पर रख लिया। लेकिन हेनरी को दुकान के पिछवाड़े की ओर बैठकर काम करना पड़ता था क्योंकि दुकानदार का विश्वास था कि उसके ग्राहक सोलह साल के बच्चे को घड़ियाँ बनाते देखकर बिगड़ जाएँगे और उसे काम मिलना बंद हो जाएगा।

उन्नीस वर्ष की आयु में उन्होंने क्लारा नामक युवती से शादी कर ली। लेकिन उन्हें लगा कि घर पर रहकर कार बनाने का सपना पूरा नहीं हो सकता, अतः वह पत्नी सहित पुनः डेट्रायट आ गए और एक बिजलीघर में काम करने लगे। खाली समय में घर पर काम करते। उन्होंने पेट्रोल से चलनेवाली एक गाड़ी बनाई।

उन्हीं दिनों अमेरिका में कारों की दौड़ होनेवाली थी। उन्होंने भी अपनी कार दौड़ाई। वह विजयी हुए। फिर उन्होंने नई कार बनाई। उस मॉडल का नाम '999' रखा गया। इसके मुकाबले में तेज दौड़नेवाली कोई कार सारे अमेरिका में उस समय नहीं थी। इस समाचार से वह विश्वविख्यात हुए।

1903 की गरमियों में उन्होंने फोर्ड मोटर कंपनी की स्थापना की। इस कंपनी में 'मॉडल टी' नामक कार का बड़ी मात्रा में उत्पादन शुरू हुआ और वे कारें धड़ल्ले से बिकने लगीं। 1910 में फोर्ड की फैक्टरी से 18,600 मोटरगाड़ियाँ बनाई गईं और यह उत्पादन संख्या 1914 में ढाई लाख से भी ऊपर हो गई।

हेनरी के पिता विलियम फोर्ड ने कभी सपने में भी न सोचा था कि खेती के कामों में दिलचस्पी न लेनेवाला बच्चा आगे चलकर मोटरकार का निर्माता एवं बहुत बड़ा उद्योगपति होगा। मोटरकार के विकास एवं मोटर उद्योग में हेनरी फोर्ड का योगदान हमेशा आदर के साथ याद किया जाएगा।

''कोई भी फैक्टरी बहुत बड़ी नहीं होनी चाहिए, न ही कोई आदमी इतना बड़ा होना चहिए कि उसके पाँव धरती पर न पड़ें।''

— हेनरी फोर्ड

जार्ज वाशिंगटन कार्वर

(1864—1943)

एक लंबे अरसे तक अमेरिका में गुलामी प्रथा कायम रही थी। चूँकि अफ्रीका के हब्शी या नीग्रो अच्छे मजदूर सिद्ध होते थे, इसलिए उन लोगों को गुलामों या दासों के रूप में ले जाकर अमेरिका में बेचा जाता था। वहाँ नीग्रो गुलामों की कमी थी, अतः रात में डकैत लोग गुलामों को पकड़कर उठा ले जाते थे और दूसरी जगह उन्हें अच्छे दामों में बेच देते थे।

अमेरिका के मिसूरी राज्य में जार्ज नामक ऐसे ही नीग्रो गुलाम के घर में 1864 ई· में एक बच्चा पैदा हुआ। जार्ज दंपती का वह तीसरा बच्चा था। जार्ज की पत्नी मेरी मिसेज फ्राऊ कार्वर के यहाँ काम करती थी। एक रात में डाकुओं ने हमला किया और मेरी तथा उसके बच्चे को उठा ले गए। पीछा करने पर भी डाकुओं ने मेरी को नहीं छोड़ा, अलबत्ता उसकी गोद में पड़े बीमार बच्चे को छोड़ दिया।

बच्चा फ्राऊ कार्वर को दे दिया गया। मेरी के चले जाने के बाद उसका पति भी कहीं चला गया। अब अनाथ बच्चे के माता-पिता श्रीमती कार्वर व उनके पति थे। उस समय भला किसने सोचा था कि नीग्रो, गुलाम और अनाथ बच्चा आगे चलकर महान वैज्ञानिक बनेगा। मिसेज कार्वर ने ही उसका नाम जार्ज वाशिंगटन कार्वर रखा था।

जार्ज कार्वर दंपती के साथ ही रहते। उनके बगीचे और घर का काम कर देते। कार्वर दंपती ने उन्हें स्कूल में भरती करवाना चाहा पर गोरे लड़कों के साथ पढ़ना संभव न था। काले लड़कों के लिए कोई आस-पास स्कूल भी नहीं था। कार्वर के एक मित्र जीगर ने बताया कि 'निऊशो' नामक दूसरे कसबे में काले बच्चों का एक स्कूल है। जार्ज को वहाँ भेज दिया गया। पर न तो वहाँ रहने की जगह थी, और न पैसा था। रात में वह किसी खंडहर में ही रहते। ऐसी मुसीबत की घड़ी में जार्ज की मदद जान मार्टिन और उसकी पत्नी लूसी ने की। उन्हें उनके यहाँ रहने की जगह मिली। बदले में वह उनके लिए नाश्ता तैयार करते, बरतन साफ करते और अन्य घरेलू काम भी निपटाते।

जार्ज की आगे पढ़ने की इच्छा थी, इसलिए वह फोर्ट स्काट पहुँचे। उन्हें वहाँ दाखिला मिल गया। सभी अध्यापक उनकी प्रतिभा के प्रशंसक थे। वह लांडरी का काम करके पढ़ाई का खर्च निकालते थे। वह और आगे पढ़ना चाहते थे, लेकिन नीग्रो होने के कारण कॉलेज में प्रवेश मिलना मुश्किल था। तब भी उन्होंने हिम्मत नहीं हारी।

हॉलैंड यूनिवर्सिटी में उन्हें प्रवेश मिला और छात्र-वृत्ति भी। पर यूनिवर्सिटी पहुँचने पर उनका प्रवेश निरस्त कर दिया गया। उनका नीग्रो होना आड़े आ गया था।

सौभाग्य से उन्हें सिंपसन कॉलेज में प्रवेश मिल गया। अब उन्हें अपना भविष्य चुनना था। चित्रकारी और विज्ञान उनकी रुचि के विषय थे। 1881 में उन्होंने सिंपसन कॉलेज छोड़ दिया और इवोआ स्टेट कॉलेज, एम्स में विज्ञान विषय के साथ दाखिला लिया। मेहनत करके 1894 में उन्होंने वहीं से बी·एस-सी· किया। इसी बीच उनके चार चित्र अंतरराष्ट्रीय कला प्रदर्शनी के लिए चुने गए। इससे इवोआ राज्य में उनकी प्रतिष्ठा और भी बढ़ गई।

जार्ज का परीक्षाफल कॉलेज में सर्वोत्तम था, अतः उसी दिन वनस्पति विज्ञान के अध्यापक के रूप में उसी कॉलेज में उनकी नियुक्ति हो गई। लेकिन डॉ· बुकर टी· वाशिंगटन के आग्रह पर वह नौकरी छोड़कर 'टेस्केगी नॉर्मल एंड इंडस्ट्रियल इंस्टीट्यूट फॉर नीग्रोज' में चले गए। वहाँ उन्होंने आस-पास की बेकार जमीन को खेती के योग्य बनाया और दम तोड़ती भूखी जनता को प्राण-दान दिया।

कार्वर किसानों की दीन दशा से दुखी रहते थे। आस-पास की भूमि में ऐसी कोई फसल नहीं होती थी, जिससे किसानों को पर्याप्त धन मिल सके। दक्षिण के राज्यों में कपास की अच्छी खेती होती थी, इसलिए कार्वर ने अलबामा के किसानों को भी कपास की खेती करने की सलाह दी और खेती की वैज्ञानिक रीति बताई। कपास बोई गई, फसल देखते ही देखते लहलहा उठी, लेकिन एक दिन उनकी आशाएँ धूल में मिल गईं। कपास की खेती में रोग लग गया था। कपास जरूर नष्ट हुई, लेकिन कार्वर ने देखा कि उनके फार्म में मूँगफली सही सलामत है। फिर उन्होंने मूँगफली की खेती करने की बात किसानों से कही। मगर उन्हें किसानों से यह जानकर बड़ी हैरानी हुई कि मूँगफली सूअरों को खिलाने की चीज है, इससे कमाई नहीं हो सकती।

लेकिन संकल्प के धनी कार्वर ने मूँगफली को भी पैसा कमाने का जरिया बना डाला। निरंतर एक सप्ताह तक प्रयोगशाला में जुटे रहकर उन्होंने मूँगफली से कई उत्पाद बनाए, जैसे मुँह में लगानेवाला पाउडर, छापेखाने की स्याही, मक्खन, शैंपू, साबुन, रंग आदि।

कार्वर की यह खोज विज्ञान जगत के लिए अद्‌भुत घटना थी लेकिन वहाँ के दीन-हीन किसानों के लिए तो यह वरदान सिद्ध हुई क्योंकि वे आलू और मूँगफली के अतिरिक्त कुछ पैदा करना ही नहीं जानते थे। कार्वर ने आलू से लगभग सौ उपयोगी चीजें बनाई, जैसे आटा, रेशम, सूत रँगने के रंग, स्याही, रबड़ और न जाने क्या-क्या ?

कार्वर की इन खोजों ने नीग्रो लोगों की बदहाली दूर की, साथ ही संपूर्ण संयुक्त राज्य अमेरिका इससे लाभान्वित हुआ। दूसरे महायुद्ध में जब अमेरिका के पास गेहूँ की कमी हो गई तो उसने डॉ· कार्वर की सेवाएँ लीं। उन्हें वाशिंगटन बुलाया गया। वहाँ पहुँचकर उन्होंने वैज्ञानिकों को अपने आविष्कार की बाबत सारी बात समझाई और वे उनकी बात से सहमत भी हुए। अब डबल रोटियों में गेहूँ के आटे के साथ-साथ आलू का भी आटा प्रयोग होने लगा।

कार्वर ने सदा इस बात का ध्यान रखा कि उनकी खोजों से गरीब जनता को लाभ मिले। उन्होंने मूँगफली से प्लास्टिक, कागज, दफ्ती, कॉफी, क्रीम, दूध जैसी

लगभग 300 वस्तुएँ और आलू से 108 उपयोगी चीजें बनाईं। इससे वहाँ के किसानों की जिंदगी बदल गई और संपूर्ण राज्य में उद्योगों के नए अवसर उपलब्ध हुए।

अब तक कार्वर की ख्याति दूर-दूर तक फैल चुकी थी। उन्हें अच्छी-अच्छी नौकरियों के आमंत्रण मिले पर वह दुखी जनों को छोड़कर कहीं नहीं गए। वह गरीबों के लिए जिए और उन्हीं की भलाई करते हुए मरे भी। 5 जनवरी, 1943 को टेस्केगी इंस्टीट्यूट में गुलामों और शोषितों का मसीहा उन्हें छोड़कर सदा के लिए चला गया।

"वेतन बढ़ाने की क्या आवश्यकता है ? मैं अधिक रुपयों का क्या करूँगा। मुझे रुपया नहीं चाहिए। कष्टों और अभावों से पीड़ित मानवता की सेवा करने में ही मेरे जीवन की सार्थकता है।"

— *जार्ज वाशिंगटन कार्वर (वेतन वृद्धि के प्रस्ताव पर प्रतिक्रिया)*

मेरी क्यूरी
(1867—1934)

पेरिस का एक पिछड़ा हुआ महल्ला। अँधेरा, सीलन-भरा कमरा। एक लड़की उसी सीलन-भरे कमरे में अपने अध्ययन में व्यस्त। उसका बहनोई कसीमिर आया और पूछ बैठा, "मान्या, आज तुमने क्या खाया है।"

इस प्रश्न को सुनकर वह घबरा गई, लेकिन सहज बनने की कोशिश करते हुए बोली, " बहुत कुछ खाया है।"

लेकिन उसका झूठ पकड़ा गया। वास्तव में मान्या ने पिछले चौबीस घंटों में कुछ भी नहीं खाया था। उसकी एक सहेली ने कसीमिर दंपती को बताया था कि मान्या स्कूल में बेहोश होकर गिर पड़ी थी। यही सुनकर उसका बहनोई भागा-भागा आया था।

कसीमिर उसे अपने घर ले गया। दीदी ब्रोन्या ने ठीक से उसे खिलाया-पिलाया, लेकिन वहाँ उसका मन नहीं लगा, क्योंकि उसकी दीदी और बहनोई से मिलनेवाले लोग आते रहते और इधर-उधर की बातों में उसकी पढ़ाई में बाधा पड़ती। अतः वह फिर वापस चली आई अपने उसी अँधेरे, सीलन-भरे कमरे में। उसे अपनी पढ़ाई की फिक्र थी, खाने-पीने की नहीं।

मान्या का पूरा नाम था —मेरी स्कलादोवस्की । पिता ब्लदिस्लाव स्कलादोवस्की वारसा (पोलैंड) में विज्ञान के अध्यापक थे । बचपन से ही मान्या की विज्ञान में रुचि थी । पिता की प्रयोगशाला में वह रोज कुछ-न-कुछ सीखती रहती ।

उन दिनों पोलैंड रूस के अधीन था । रूस के जार के खिलाफ पोलैंड में क्रांति की आग भड़क रही थी । मान्या भी क्रांतिकारियों के एक दल में शामिल हो गई ।

रूसी जासूसों को इस बात का पता चला तो वे क्रांतिकारियों को पकड़ने और उन्हें सजा देने में बड़ी बर्बरता से पेश आने लगे । इसलिए अपनी प्राण रक्षा के लिए मान्या को पोलैंड से भागना पड़ा और वह पेरिस चली आई । पेरिस में उसकी बड़ी बहन ब्रोन्या अपने पति के साथ रहती थी । यहीं एक पिछड़े महल्ले के अँधेरे, सीलन-भरे कमरे में वह रहने लगी ।

उसे अपने खाने-पीने की कुछ भी चिंता न रहती । वह तो सिर्फ अपने काम की धुन में मग्न रहती । इसी मान्या ने अपनेआप को कष्ट में रखकर, जी तोड़ मेहनत करके, आगे चलकर अपने पति पियरे क्यूरी के साथ 'रेडियम' की खोज की । तब तक मान्या मदाम क्यूरी के नाम से प्रसिद्ध हो गई थी ।

रेडियम के आविष्कार ने चिकित्सा विज्ञान में मानव सेवा का नया द्वार खोल दिया । मदाम क्यूरी एकमात्र महिला वैज्ञानिक हैं, जिन्हें जीवन में दो बार 'नोबेल पुरस्कार' मिला ।

उन्होंने रेडियम के अलावा एक अन्य रेडियो सक्रिय तत्त्व की खोज की । क्यूरी ने अपनी मातृ-भूमि पोलैंड के नाम पर उसे 'पोलोनियम' कहा । वह अपने अनुसंधान कार्य में व्यस्त ही थीं कि एकाएक उनके पति पियरे क्यूरी का देहांत हो गया ।

क्या मदाम क्यूरी ने अपना कार्य ठप कर दिया ? नहीं, कदापि नहीं । उन्हें अपने पति का संदेश याद हो आया, 'वैज्ञानिक को अधिकार नहीं कि वह अपना काम छोड़ दे ।' मदाम क्यूरी उसी उत्साह से अपने कार्य में लगी रहीं । जब मदाम को नोबेल पुरस्कार दिया गया तो धन्यवाद ज्ञापन करते समय उन्होंने अपने स्वर्गीय

पति को इन शब्दों से श्रद्धांजलि दी :

''मैं यह याद दिलाना चाहूँगी कि रेडियम और पोलोनियम के आविष्कार पियरे क्यूरी और मेरे द्वारा मिलकर किए गए थे। मैं यह समझती हूँ कि इस विषय में अकादमी मुझसे सहमत होगी कि यह अद्वितीय सम्मान जो मुझे मिला है, साथ ही पियरे क्यूरी की स्मृति के प्रति श्रद्धांजलि भी है।''

क्यूरी अपने ही आविष्कार रेडियम की घातक किरणों की मार से बच नहीं सकीं। 4 जुलाई, 1934 को सूरज की प्रथम किरण के स्पर्श के पूर्व ही मदाम क्यूरी मृत्यु की गोद में सो गईं। सारी दुनिया रो पड़ी। लेकिन अँधेरे में चमकते रेडियम मानो कह रहे थे, 'क्यूरी जीवित हैं, अमर हैं।'

वास्तव में मानवता की सेवा में अपना सर्वस्व न्यौछावर करके आज भी क्यूरी जीवित हैं, वह प्रेरणा के जलते दीपों के समान हैं। आनेवाली पीढ़ी उनसे प्रेरित होती रहेगी और अभावों में भी जीकर कुछ कर दिखाने का भरसक प्रयास करती रहेगी।'

''हम लोगों ने अपना सर्वस्व खो दिया है।''

— *(मदाम क्यूरी के निधन पर एक शोकाकुल छात्र के भावपूर्ण विचार)*

प्रो॰ अल्बर्ट आइंस्टाइन

(1879—1955)

आइंस्टाइन बीसवीं सदी के महानतम बुद्धिजीवी थे। उनके द्वारा वर्णित सापेक्षता सिद्धांत (Principle of Relativity) के बारे में दार्शनिक, गणितज्ञ बर्ट्रैंड रसेल ने कहा था कि सापेक्षता का सिद्धांत अब तक की मानव मेधा की सर्वोत्तम उपलब्धि है। डिरॉक के शब्दों में आइंस्टाइन ने अकेले ही वैज्ञानिक इतिहास की संपूर्ण धारा को नई दिशा दी है।

आइंस्टाइन ने प्रयोगशाला में कोई प्रयोग नहीं किया। उन्होंने लोगों द्वारा आश्चर्य व्यक्त किए जाने पर कहा, ''मेरा मस्तिष्क ही मेरी प्रयोगशाला है।''

आज भी प्रिंस्टन (अमेरिका) के अस्पताल में उनका मस्तिष्क सुरक्षित है, शायद अनुसंधानकर्ता उनके मस्तिष्क का रहस्य जान सकें।

लेकिन इतना बड़ा क्रांतिकारी वैज्ञानिक बचपन में बड़ा भौंदू था। अल्बर्ट का जन्म 14 मार्च, 1879 को उल्म के दक्षिण जर्मन शहर में हुआ था। साल-भर बाद ही वहाँ से परिवार उठकर म्यूनिख आ गया। पिता का छोटा-सा बिजली का कारखाना था। उनकी माँ की संगीत में बहुत रुचि थी। उनके इंजीनियर चाचा भी साथ में रहते थे।

बचपन में अल्बर्ट ने चीकने पात नहीं दिखाए। बोलना भी उन्होंने देर में सीखा। माँ-बाप तो उन्हें बुद्धू समझ बैठे थे। आम बच्चों से वह अलग-थलग रहते। बचपन में अल्बर्ट दिन में भी सपनों में खोए रहते।

उनका परिवार यहूदी था, लेकिन अल्बर्ट में धार्मिक रुचि कभी नहीं जगी। स्कूली जीवन में उन्हें सफलता नहीं मिली। अलबत्ता उन्होंने महसूस किया कि धर्म एवं संप्रदाय अंधी जड़ता के सिवाय कुछ नहीं हैं।

दस साल की उम्र में उन्हें जिम्नेजियम (माध्यमिक स्कूल) में डाल दिया गया ताकि वह विश्वविद्यालय में प्रवेश के लिए योग्यता हासिल कर लें। लेकिन रटंत पढ़ाई से उन्हें चिड़-सी थी, इस कारण उन्हें पढ़ाई में सफलता नहीं मिली।

आइंस्टाइन के इंजीनियर चाचा ने उनमें दिलचस्पी ली और उनमें गणित के प्रति प्रेम जगाया। अल्बर्ट को ज्यामिति प्रिय थी। उन्होंने खुद स्वीकार किया कि उनके जीवन की दो घटनाएँ उनके लिए वरदान सिद्ध हुईं — एक तो पाँच साल की उम्र में किसी ने उन्हें चुंबकीय कंपास ला दिया था और दूसरी बारह साल की उम्र में यूक्लिड की ज्यामिति से परिचय।

आइंस्टाइन यूक्लिड पुस्तक पाकर कितने खुश हुए थे, वे भाव उन्हीं के शब्दों में—

''स्कूल के उन दिनों में यूक्लिड हाथ में आते ही अगर हम में से किसी को ऐसा अनुभव नहीं होता था कि उसकी दुनिया ही बदल गई है तो उसका अर्थ हम यही समझते थे कि उस बेचारे को परमात्मा ने समीक्षा अथवा अनुसंधान की बुद्धि से वंचित रखा है।''

जब आइंस्टाइन पंद्रह वर्ष के हुए तो पिता ने बिजली का कारोबार बंद कर दिया और मीलान (इटली) आ गए, लेकिन आइंस्टाइन को कुछ दिनों तक जिम्नेजियम में ही रहना पड़ा क्योंकि उसे डिप्लोमा हासिल करना ही था। लेकिन स्कूल की शिक्षा प्रणाली के अनुरूप वह अपने को ढाल न सके, परिणामस्वरूप उन्हें जिम्नेजियम से निकाल दिया गया और वह इटली आकर अपने परिवार के साथ रहने लगे। वहाँ उन्होंने ज्यूरिख (स्विट्ज़रलैंड) के पॉलीटेकनीक स्कूल में दाखिला लेने की प्रवेशिका

परीक्षा दी। लेकिन वह पास न हुए। गणित में उनका कोई जवाब नहीं था, मगर अन्य विषयों में वह शून्य रहते। स्कूल के निदेशक उनकी गणित योग्यता पर मुग्ध थे, अतः उन्होंने किसी तरह उन्हें दाखिल कर लिया।

पिता का काम वहाँ ठीक से नहीं चल पा रहा था, अतः खर्चा कैसे चले? अब आइंस्टाइन नौकरी तलाशने लगे। वह अध्यापक बनना चाहते थे, मगर उन्हें बर्न के स्विस पेटेंट दफ्तर में क्लर्क की नौकरी करनी पड़ी।

1905 में इसी पद पर काम करते हुए आइंस्टाइन ने 'विशिष्ट सापेक्षता सिद्धांत' (Special Theory of Relativity) का प्रतिपादन किया। उन्होंने बताया कि 'द्रव्य' और 'ऊर्जा' एक-दूसरे में परिवर्तनशील हैं। इसके मूल में परमाणु बम का रहस्य छिपा था जो प्रत्यक्ष रूप से चालीस साल बाद घटा जब अमेरिका ने जापान के दो शहरों हिरोशिमा और नागासाकी पर बम गिराए। लाखों जानें गईं। आइंस्टाइन ने दुखी होकर कहा, "मानव परमाणु शक्ति के योग्य नहीं है।"

उन्हें नोबेल पुरस्कार से भी सम्मानित किया गया। वह प्रिंस्टन विश्वविद्यालय में भौतिकी के प्रोफेसर नियुक्त किए गए। इजराइलवासियों ने उन्हें राष्ट्रपति बनाना चाहा, लेकिन उन्होंने विनम्रता से इस आमंत्रण को अस्वीकार कर दिया। जीवन-भर वह शांति के लिए प्रयास करते रहे। गांधीजी से वह बहुत प्रभावित थे।

> "मैं ऐसे तथ्यों से अपने मस्तिष्क को नहीं उबाता जो विश्वकोश में प्राप्त हैं।"
>
> — अल्बर्ट आइंस्टाइन

अलेक्जेंडर फ्लेमिंग

(1881—1955)

फ्लेमिंग एक साधारण माली के बेटे थे । अभावों में जन्मे और कष्टों में पलकर बड़े हुए । डॉक्टर बनने का उनका दृढ़ संकल्प था, जिसे उन्होंने अपनी लगन और मेहनत से पूरा किया ।

भला कौन ऐसा व्यक्ति होगा जो रामबाण ओषधि 'पेनिसिलिन' के आविष्कारक अलेक्जेंडर फ्लेमिंग को न जानता हो ? चिकित्सा-विज्ञान उन्हें भूल नहीं सकता । आखिर माली का बेटा कैसे इतना बड़ा डॉक्टर और वैज्ञानिक बना ?

6 अगस्त को स्कॉटलैंड में जन्मे फ्लेमिंग अपने माँ-बाप की आठवीं संतान थे । जब वह आठ ही साल के थे कि उनके पिता चल बसे । माँ ने बच्चों की परवरिश की । हालाँकि उसके चार अपने और चार सौतेले बच्चे थे मगर वह सबको बराबर प्यार करती । घर की खेती-बाड़ी देखती । अभाव में फ्लेमिंग और उनके अन्य भाई-बहन धीरे-धीरे बड़े हुए ।

दस साल के होने पर फ्लेमिंग पास के स्कूल में जाने लगे । दो साल बाद उनका नाम डार्वेल के स्कूल में लिखा दिया गया, जो तीन-चार मील नीचे घाटी में पड़ता था । अपने दो भाइयों के साथ उन्हें पहाड़ी की चढ़ाई चढ़ने में मजा आता था ।

वह रास्ते के सब पेड़-पौधों को निहारते, पक्षियों को मुग्ध होकर देखते और रास्ता आसानी से कट जाता ।

कुछ वर्षों बाद वह अपने बड़े भाइयों— टॉमस, जॉन और रॉबर्ट से लंदन में जा मिले, वहाँ वह चश्मे का काम सीखने लगे । वहाँ उन्होंने चश्मे की दुकान भी खोल ली । फिर भी परिवार की आर्थिक स्थिति सुदृढ़ न हो सकी । आखिरकार फ्लेमिंग की पढ़ाई ठप हो गई और उन्होंने सोलह साल की उम्र में एक जहाज की कंपनी में नौकरी कर ली ।

फ्लेमिंग खेल के बड़े शौकीन थे । वाटरपोलो खेलने में वह दक्ष थे । एक बार उनकी टीम का मुकाबला सेंट मेरी के मेडिकल कॉलेज की टीम से हुआ । जबर्दस्त टक्कर थी, मगर फ्लेमिंग की टीम की जीत हुई । मेडिकल कॉलेज के खेलों का अध्यक्ष उनसे बहुत खुश हुआ और उसने ऐसे तेज खिलाड़ी को अपनी टीम में शामिल करना चाहा । उसी के प्रयास से फ्लेमिंग को मेडिकल कॉलेज में दाखिला मिल गया । फिर उनकी इच्छा पूरी हुई । खेल के अतिरिक्त पढ़ाई में भी फ्लेमिंग सदा आगे रहते । सेंट मेरी स्कूल में चिकित्सा के हर विभाग में प्रथम आने के पुरस्कारस्वरूप उन्हें कई स्वर्ण पदक मिले ।

1906 में वह सेंट मेरी स्कूल से चिकित्सा-विज्ञान के स्नातक हो गए । कुछ लोगों ने उन्हें डॉक्टरी करने की सलाह दी, मगर वह खोज करने में ही अपना जीवन बिताना चाहते थे । फलतः वह प्राध्यापक आल्मरोथ राइट के सहयोगी बनकर चिकित्सा संबंधी अनुसंधान करने लगे ।

फ्लेमिंग की सबसे बड़ी देन है पेनिसिलीन नामक प्रतिजैविक (Antibiotic) ओषधि । चिकित्सा विज्ञान में इसने नए-नए द्वार खोले । रोगों के जीवाणुओं को मारने, नष्ट करने में यह अत्यंत कारगार साबित हुई । जिन घातक जीवाणुओं को मारने में सल्फा ओषधियाँ बेकार हो जाती हैं, उनको भी समूल नष्ट करने में यह सक्षम है ।

पेनिसिलीन की खोज अचानक ही हुई । बात 1928 की है । सेंट मेरी अस्पताल की अपनी प्रयोगशाला में फ्लेमिंग तश्तरियाँ साफ कर रहे थे, जिसमें उन्होंने

जीवाणुओं का कल्चर तैयार किया था। एक प्रेट्रिडिश वह फेंकने ही जा रहे थे कि कुछ अजीब-सी बात उन्हें दिखाई पड़ी। उस डिश में खिड़की के खुली रहने पर भी किसी फफूँदी (Fungus) का स्पोर (बीजाणु) उड़कर आ गया था और बढ़कर थोड़ी दूर तक फैल गया था। लेकिन फफूँदी के चारों ओर के जीवाणु नष्ट हो चुके थे। इसका अर्थ यह हुआ कि फफूँदी में जीवाणुओं को नष्ट करने की क्षमता थी। उक्त फफूँदी थी—पेनिसिलीयम। उसको अन्य जीवाणुओं पर उगाकर फ्लेमिंग ने परीक्षण किया और हमेशा वैसा ही प्रभाव देखा। फ्लेमिंग ने इस फफूँदी को अलग प्रेट्रिडिश में उगाया और उससे सार अलग किया, जिसमें जीवाणुओं को नष्ट करने की ताकत थी। यही सार (Extract) पेनिसिलीन कहलाया।

फ्लेमिंग ने सोचा कि यदि यह जीवाणुओं को नष्ट कर सकती है तो कहीं शरीर की कोशिकाओं को तो नुकसान नहीं पहुँचाएगी ? मगर ऐसा नहीं था। फ्लेमिंग ने परीक्षण किया और उसे निरापद पाया। उन्होंने कहा था, "परीक्षणों द्वारा सिद्ध इसकी विषहीनता ही थी, जिसे देखकर मेरी यह अवस्था हो गई कि एक न एक दिन पेनिसिलीन एक स्वतंत्र चिकित्सा के रूप में प्रयोग में आने लगेगी।" और सचमुच ऐसा ही हुआ। पेनिसिलीन की उपयोगिता सिद्ध हुई और उन्हें नोबेल पुरस्कार से सम्मानित किया गया।

फ्लेमिंग के बाद वाक्समान ने स्ट्रेप्टोमाइसिन का आविष्कार किया। आज कई प्रतिजैविक ओषधियाँ बाजार में उपलब्ध हैं, जो घातक बीमारियों के इलाज के काम आती हैं।

> "एक भले काम की परीक्षा शायद इसी में होती है कि वह एक और भी ज्यादा भलाई की चीज को पीछे छोड़ जाता है और इस तरह खुद को खत्म कर जाता है। अनुसंधान का उद्देश्य होता है ज्ञान में प्रगति।"
>
> — *अलेक्जेंडर फ्लेमिंग*

एनरिको फेर्मि

(1901—1954)

एनरिको ने एक दिन अपनी बहन मारिया से पूछा, ''जानती हो मारिया, लट्टू कैसे नाचता है?''

''मैं क्या जानूँ, मुझे फालतू बातों से क्या लेना-देना ?''

''नहीं, मारिया, यह फालतू बात नहीं है। जब लट्टू नाचना शुरू करता है तो इसकी कील सीधी रहती है। जब वह नाचना बंद करता है तो कील तिरछी हो जाती है। पृथ्वी और चाँद सितारे भी अपनी धुरी पर कुछ इसी तरह नाचते हैं।'' मारिया से दो साल छोटे एनरिको ने समझाया।

निश्चित रूप से यही 'जाइरोस्कोप का सिद्धांत' था, जो एनरिको ने बड़ी मेहनत से ज्ञात किया था।

एनरिको का जन्म 29 सितंबर, 1901 को रोम (इटली) में हुआ था। पिता अल्बर्तो फेर्मि मामूली हॉकरी करते और माँ इदा द गेतिस एक स्कूल में अध्यापिका थीं। एनरिको का एक बड़ा भाई भी था जो उनसे उम्र में एक वर्ष बड़ा था और बहन मारिया उनसे दो साल बड़ी थी।

दोनों भाई साथ-साथ पढ़ते-लिखते और खेल-खेल में विज्ञान के प्रयोग भी करते। दोनों ने बिजली की मोटरें बनाईं, उन्होंने पुस्तकें देखकर हवाई जहाज के इंजन के नक्शे भी बनाए थे। लेकिन दुर्भाग्य, बड़े भाई ग्यूलियो की 1915 में मृत्यु हो गई। भाई का दुख तो अधिक था, लेकिन मित्र परिसिको के साथ ने उसे थोड़ा कम कर दिया। दोनों साथ स्कूल जाते और विज्ञान संबंधी प्रयोगों में व्यस्त रहते।

एक दिन एनरिको के घर उनके पिता के दोस्त इंजेग्नर एमेदी आए। उन्होंने एनरिको से कुछ सवाल किए, जिनका उत्तर वह स्वयं भी नहीं जानते थे। एनरिको ने सहज ही हल ढूँढ़ निकाला। अतः उन्होंने एनरिको का नाम पीसा के प्रसिद्ध कॉलेज में लिखवाने की राय दी। 1918 में एनरिको का दाखिला पीसा में हो गया। डिग्री मिलने पर एनरिको की मौखिक परीक्षा हुई तो परीक्षक उनके उत्तरों को सुनकर उनका मुँह देखते रह गए। 1926 का साल अभी शुरू भी नहीं हुआ था कि पच्चीस वर्षीय प्रतिभाशाली फेर्मि को रोम विश्वविद्यालय में प्रोफ़ेसर पद पर नियुक्त कर दिया गया।

इस विश्वविद्यालय में उन्हें नाभिकीय भौतिकी (Nuclear Physics) के क्षेत्र में अध्ययन और अनुसंधान का अच्छा अवसर मिला। उन्होंने परमाणु की आंतरिक संरचना, नाभिकीय अभिक्रियाओं तथा न्यूट्रानों की बौछार से एक तत्त्व को दूसरे में परिवर्तित करने की दिशा में महत्त्वपूर्ण काम किया। इस कार्य के लिए उन्हें 1938 में नोबेल पुरस्कार दिया गया।

1939 में हिटलर की तानाशाही से अधिकांश राष्ट्र परेशान थे। हिटलर यहूदियों का सफाया करने का निश्चय कर चुका था। नोबेल पुरस्कार लेने के लिए स्वीडन जाने की सरकारी अनुमति फेर्मि ने प्राप्त कर ली और इस प्रकार अपनी पत्नी तथा पुत्रों सहित वह इटली से निकल सके और फिर वापस इटली आए ही नहीं। यूरोप में दूसरे विश्व युद्ध की तैयारियाँ हो रही थीं। जर्मनी आस-पास के देशों पर आक्रमण कर रहा था, अतः फेर्मि इस द्विविधा से किसी तरह निकल सके।

नोबेल पुरस्कार लेकर फेर्मि अमेरिका के लिए रवांना हो गए। वहाँ कोलंबिया बिश्वविद्यालय में वह भौतिकी के प्रोफेसर बन गए। वहीं अनुसंधान करके उन्होंने

परमाणु की शक्ति को जाना। उसी समय जर्मनी में भी परमाणु संबंधी अनुसंधान चल रहे थे। फेर्मि को खतरा था कि यदि जर्मनी बम बना डालेगा तो उसे हराना असंभव हो जाएगा और दुनिया-भर में तबाही मच जाएगी।

अतः वैज्ञानिक आइंस्टाइन ने उनके अनुसंधानों की बात अमेरिकी राष्ट्रपति रूजवेल्ट को बताई तो अमेरिका में परमाणु अनुसंधान शुरू हुआ। फेर्मि ने 2 दिसंबर, 1942 को शिकागो विश्वविद्यालय में परमाणु की नियंत्रित शृंखला प्रक्रिया का परीक्षण किया और फिर अमेरिका बम बनाने में सफल हो गया। 6 अगस्त, 1945 को जापान के हिरोशिमा शहर तथा तीन दिन बाद नागासाकी पर बम गिराया गया। दोनों शहर तहस-नहस हो गए। लाखों जानें गईं और द्वितीय विश्व युद्ध समाप्त हो गया।

फेर्मि तथा अन्य वैज्ञानिकों ने राहत की साँस ली। वह नहीं चाहते थे कि ऐसे भयानक बम का अधिक प्रयोग हो। वह परमाणु शक्ति का प्रयोग शांतिपूर्ण कार्यों के लिए किए जाने के पक्ष में थे। वह परमाणु भौतिकी के आधार स्तंभ थे।

"विज्ञान की उन्नति के लिए हर तरह की स्वतंत्रता चाहिए, किसी तरह की पाबंदी नहीं।"

—(मुसोलिनी की ज्यादतियों से तंग आ जाने पर फेर्मि की प्रतिक्रिया)

साहित्य महोपाध्याय

शुकदेव प्रसाद

हिंदी में विज्ञान लेखन के एक अप्रतिम हस्ताक्षर

जन्म : 24 अक्टूबर, 1954 को बस्ती जिले (अब सिद्धार्थ नगर) के एक शिक्षक परिवार में ।

शिक्षा : इलाहाबाद विश्वविद्यालय में । एम· एस-सी· (वनस्पति-विज्ञान), एम· ए· (हिंदी) तथा एम· ए· (अर्थशास्त्र)।

लेखन-संपादन : हिंदी विज्ञान लेखन में प्रारंभ से रुचि । अब तक देश की विभिन्न पत्र-पत्रिकाओं में विज्ञान संबंधी 2000 से अधिक लेखों एवं लोक-विज्ञान की 60 से अधिक पुस्तकों का प्रणयन । 'विज्ञान भारती', 'विज्ञान वैचारिकी' एवं 'पर्यावरण दर्शन' पत्रिकाओं का कुशल संपादन । अन्य कई पत्रिकाओं के अतिथि संपादक ।

पुरस्कार : उत्कृष्ट लेखन के लिए —
साइंटिस्ट ऑफ टुमारो एवार्ड (एन· सी· ई· आर· टी· 1975); उत्तर प्रदेश हिंदी संस्थान पुरस्कार (1980, 81, 83, 84); विक्रम साराभाई पुरस्कार (अंतरिक्ष विभाग, भारत सरकार 1984); राष्ट्रीय बाल साहित्य पुरस्कार (एन· सी· ई· आर· टी· 1986); डॉ· होमी भाभा पुरस्कार (परमाणु ऊर्जा विभाग, भारत सरकार 1986); सोवियत लैंड नेहरू पुरस्कार (1986), विज्ञान और प्रौद्योगिकी पुरस्कार (वि· और प्रौ· वि· भारत सरकार 1987, 1988, 1989)।

विज्ञान लेखन शौक ही नहीं, मिशन भी । पिछले दो दशकों से इस आंदोलन से संपृक्त हैं ।

संप्रति : संयुक्त हिंदी सलाहकार समिति (इलेक्ट्रॉनिकी, परमाणु ऊर्जा और अंतरिक्ष विभाग) भारत सरकार के सदस्य और विज्ञान वैचारिकी अकादमी इलाहाबाद के निदेशक ।

संपर्क : 34, एलनगंज, इलाहाबाद-211002